大学生就业、创业理论指导与实践分析

孙玉梅　张吉松　苏凤　著

中国纺织出版社

内容简介

现如今，在新形势新背景下，各级政府都把创业教育纳入到高等教育体系中，创业教育是指利用知识、能力和资本，通过一系列手段和方式创立新的社会经济单元，从而实现个人价值和社会效益，其实质在于培养具有开创性的人。本书着眼于当前大学生就业与创业的形势与环境，结合目前大学生就业与创业实际，拟从中西方主要就业理论；大学生就业、创业形势分析；大学生就业、创业发展趋势；就业、创业准备工作；以及世界各国大学生就业、创业实践分析等几大方面作分析研究，从而更好的了解、研究、指导当前大学生就业、创业的相关工作。

图书在版编目（CIP）数据

大学生就业、创业理论指导与实践分析 / 孙玉梅，张吉松，苏凤著. -- 北京 : 中国纺织出版社，2017.4（2025.5重印）

ISBN 978-7-5180-3550-2

Ⅰ. ①大… Ⅱ. ①孙… ②张… ③苏… Ⅲ. ①大学生－职业选择－研究 Ⅳ. ①G647.38

中国版本图书馆 CIP 数据核字(2017)第 093872 号

责任编辑：汤浩　　　　责任印制：储志伟

中国纺织出版社出版发行

地址：北京市朝阳区百子湾东里 A407 号楼　邮政编码：100124

销售电话：010-67004422　传真：010-87155801

http：//www.c-textilep.com

E-mail：faxing@e-textilep.com

中国纺织出版社天猫旗舰店

官方微博 http：//www.weibo.com/2119887771

河北晔盛亚印刷有限公司印刷　各地新华书店经销

2017年7月第1版　　2025年5月第10次印刷

开本：710 × 1000 1/16　印张：15

字数：268 千字　定价：98.00 元

前 言

如今，我国正在积极建设创新型社会、创新型国家，在新形势新背景下，从中央到各级政府，都把创业教育纳入高等教育体系中，并将其作为中、高等教育的重要组成部分。

创业教育的实质在于培养具有开创性的人，这不仅是指创业者转变择业观念的一种认识，更是指利用知识、能力和资本，通过一系列手段和方式创立新的社会经济单元，从而实现个人价值和社会效益。

由此可见，创业教育不是一定要每一个受教育者都去创建自己的企业，而主要是在这一过程中，传授创业知识，培养创业意识与创业精神，并进一步养成创业素质，锻炼创业能力，使受教育者了解、把握创业活动过程及其内在规律和关键环节。与此同时，还要帮助他们在可能遇到的种种问题和风险中，学会解决问题的方法，锻炼自己的能力，从而理性地规划自己的职业生涯。

本书着眼于当前大学毕业生就业与创业的环境与形势，结合大学毕业生的就业与创业实际，全面阐述在就业、创业过程中各个方面的问题。

本书共分为六章：第一章主讲就业形势与分析；第二章针对就业流程与技巧进行讲解；第三章重点阐述大学生创新能力的培养；第四章论述创业及其准备；第五章详细分析国内外创业实况；第六章则主要针对工科大学生科技创业的实践进行分析。

本书既有理论概括，又有案例分析，在写作中将理论、实践与思维创新融于一体，为大学毕业生顺利就业、创业以及适应社会发展的要求提供必要的指导。高翔、姜晓两位老师在问卷调研分析过程中给以大力帮助，在此一并感谢。

但由于水平所限，难免挂一漏万。故恳请各位读者提出宝贵的意见和建议。

编者

2017 年 4 月

前　言

目　录

第一章　就业形势与分析

近年来，我国国民经济始终保持较快发展，国家已把扩大就业摆在经济社会发展更加突出的位置。自 1999 年起，高等教育规模迅速扩大，每年招生数量持续增加，既满足了适龄青年接受高等教育的客观需要，又为解决劳动力供求的结构性矛盾奠定了基础。但随着毕业生人数的逐年增加，就业压力明显增大。因此，党和政府更加重视大学生就业问题。

中国经济在整体上保持着持续、快速、协调和健康发展，尤其是在加入世贸组织之后，我国经济与世界经济有着日益紧密的联系，这都为解决我国的就业问题提供了很好的外部经济环境。

但是我国高校毕业生有着逐年增长的趋势，又是集中就业，受社会整体严峻的就业形势的影响，加之毕业生就业的进展以及一些长期积累的困难和问题等，因而高校毕业生就业将面临新的困难和问题。

对就业形势的研究，有助于大学生从宏观上对自己的就业环境有一个把握。本章将就近年来的就业形势及大学生择业的初步知识予以详细的分析探讨。

第一节　就业现状及形势

一、大学毕业生就业面临的有利形势

（一）我国经济快速发展

根据有关专家预测，我国国内生产总值每增加一个百分点，就会提供

80 至 100 万个就业岗位。“十一五”期间，我国国内生产总值年均实际增长 11.2%，远高于同期世界经济年均增速，是改革开放以来经济增速最快的时期。“十二五”期间，经济平稳较快发展，国内生产总值年均增长 7%，城镇新增就业 4500 万人，城镇登记失业率控制在 5%以内。而《中华人民共和国国民经济和社会发展第十三个五年（2016—2020 年）规划纲要》明确要求：未来五年，GDP 年均增速要保持在 6.5%以上，经济增速放缓，保持平稳发展，产业结构调整升级。

我国经济的快速发展为大学生就业提供了广阔的舞台，创造了大量的机会。

（二）大学毕业生总体上仍属供不应求

根据国家统计局的统计数据，美国受过高等教育的人数占全国人口比例的 60%；一般发达国家占 30%—50%，其中日本、韩国占 30%；不发达国家占 8.8%；而中国仅 5.7%，中国还没有达到不发达国家的平均水平。

2011 年 4 月国家统计局公报 2010 年统计数据，中国 13.4 亿人口中大专以上教育人数为 1.13 亿，受高等教育比例为 8.93%；中国高等教育人口比重略高于与中国经济发展水平相当的国际平均水平，但在时序上高等教育人口比重增长幅度与经济提高的幅度还相差 10 年。因此，目前中国仍属人才奇缺的国家。

（三）我国社会对知识和人才越来越重视

根据我国国民经济和社会发展的要求，科技进步和提高劳动者素质将成为我国经济建设的着力点。现阶段，技术管理人才的缺乏成为我国中小企事业单位发展的阻碍点，这导致许多单位的科技创新能力跟不上，竞争力低下。而随着“尊重知识，尊重人才”在我国的兴起，高校毕业生在发展前景上日益广阔，将会有越来越多的用武之地。

（四）高新技术企业对高新技术人才的需求量非常大

在当今世界，知识经济成为经济发展的主流。而我国的高新技术企业也呈现飞速发展，随之而来的是对高新技术人才逐步增加的需求量，因此像计算机软件、计算机应用、通信工程等与高新技术有关的毕业生在人才市场上非常紧缺。各地区、各行业目前都在争相提供优厚条件，为其创造良好的工作、生活和学习环境来积极引进高新技术人才。

（五）西部大开发战略为高校毕业生就业提供了新的舞台

国家分区域对我国从东部到西部制定了逐层、逐阶段的发展战略，如西部大开发战略、振兴东北老工业基地及中部崛起战略。西部地区的生态重建、资源开发和城市化进程，东北老工业基地的建设，中部崛起注重创新经济发展方式，实现可持续发展推进城镇化进程都需要大批德才兼备的人才。同时，西部和东北老工业基地也出台了一系列人才引进政策，以吸纳有志之士。

（六）非公有制经济单位对高校毕业生的需求急剧增加

改革开放以来，非公有制经济成为我国社会主义市场经济的重要组成部分，在国民经济中占有越来越大的比重，并得到进一步发展。与此同时，毕业生也越来越重视非公有制单位对人才的需求，特别是东南沿海等广大较发达地区的非公有制经济的迅速发展，使得其成为吸纳毕业生就业的主力。

（七）国家制定有关政策来调节就业压力

国务院多次召开常务会议研究，力促高校毕业生就业的措施；人力资源和社会保障部、教育部也下发通知，就应对经济形势及做好毕业生就业工作提出要求。其工作重点是鼓励和引导毕业生面向基层就业，具体表现在落实五个计划和五项政策。

(1) 五个计划：地方政府欠发达地区志愿者服务计划、西部志愿者服务计划、大学生村官计划、农村教师特岗计划、三支一扶计划、社区大学生工作者服务计划和农村教育硕士计划。

(2) 五项政策：助学贷款代偿政策，大学生到基层就业后的升学、考公务员加分政策，大学生到基层、非公有制企业的工龄、劳保福利政策，自主创业优惠政策，对中西部实行周转编制的政策。

（八）大学毕业生就业市场已经初步形成

在各类大学生招聘活动中，以各高校为主体的校园招聘活动已经具有一定的规模，高校就业信息网开始发挥积极作用。随着高校毕业生就业制度改革的不断深化，毕业生就业信息量大大提升，就业供需信息渠道日趋畅通。与此同时，政府和各高校也越来越重视毕业生的就业指导，在不少高校开办有关就业方面的讲座，开设就业指导方面的课程，这对帮助毕业生成功就业起到了良好的促进作用。

二、大学毕业生就业面临的不利形势

（一）教育结构错位导致大学生就业难

近年来，出现了这样一种情况：有的用人单位很难招到满意的员工，而有的公务员岗位则是从几百个大学生中择优录取一个。市场上需要的是有工作能力的实用型人才，而现在的大学则是“择高分录取”，分数之外的能力却没有得到足够重视。这种录取方法导致对学生评价的不公平、不客观、不全面。这种大学毕业生与市场需求的错位，从某种角度折射出学校教育评价标准的错位。

（二）投入不足造成大学生质量下降

相关数据显示，在过去十年对高等教育的投入经费中，来自个人捐款和个人办学的经费增长了 60 倍，来自个人缴纳学费的经费增长了 18 倍，其他方面的经费增长了 36 倍，而来自政府的部分只增长了 3.5 倍。而过去十年，中国大学生入学人数增长了 5 倍，硕士研究生增长了 6 倍，博士研究生增长了 3.5 倍，而教师数只增长了 1.7 倍。财力和师资的不足，直接导致了学生质量的下降。可见，在我国高等教育中，大学生在数量上不是问题，而导致当今大学毕业生就业难的一个原因还在于学生质量低，跟不上时代发展步伐。

（三）高校扩招致使每年毕业的大学生数量逐步增加

随着大学生人数的增长，每年大量毕业生涌向市场，人才市场需求渐趋于饱和，然而每年大学毕业生的人数却在不断攀升，造成了供大于求的矛盾。2001 年，全国毕业生人数为 115 万；2010 年，毕业生人数达到了 630 万。十年时间内，毕业生人数增加了 5 倍之多。2011 年，毕业生人数达到了 660 万。2012 年，全国普通高校毕业生达到 680 万。2013 年，全国普通高校毕业生达到 699 万，2014 年中国高校毕业生规模为 727 万人，2015 年，全国普通高校毕业生达到,749 万，2016 年中国高校毕业生规模为 765 万人，2017 年，全国普通高校毕业生将达到,795 万，大学生就业创业工作十分艰巨。“十三五”纲要提出：未来五年，GDP 年均增速要保持在 6.5%以上。造成严重的供需不平衡，就业形势不容乐观。

(四)大学生就业准备不充分,就业观念停留在传统模式

众多大学生在就业预期上存在过高的倾向。过去，国有大中型企业一直是我国大学毕业生就业的主渠道，但现在已被民营企业、基层单位和广大农村等取代。但是，不少毕业生仍然抱着所谓的“铁饭碗”不放，非机关事业单位不去，非国有大中型企业不去，非高工资不去，使得本来许多完全可以发挥才能的单位未能进入大学毕业生的视野，这在很大程度上加剧了就业形势的严峻。

三、全国高职高专就业形势特点分析

（一）高职高专毕业生就业率逐步上升

近年来，由于高等职业教育改革的不断深化，高职高专学校坚持以就业为导向，重点加强了职业资格培训工程和职业教育实习基地建设，实施了“订单式”培养，促进了高职高专毕业生就业。

（二）东部发达地区仍是毕业生就业的首选地，结构性矛盾依然突出

据统计，2012 年接收毕业生数量最多的十个地区分别是广东、江苏、湖北、上海、北京、山东、四川、陕西、辽宁、浙江。这说明东部发达地区、沿海城市仍然是吸引毕业生就业的主要区域，其中以京、沪为中心的经济中心区，仍是毕业生流向的主要地区。2015 年全年深圳市共引进应届毕业生 7.1 万人，比 2014 年增加 1.03 万人，增长 16.99%；从学历上看：大专以上学历占 93.31%，其中，本科学历 51.92%,研究生及以上占 12.35%，引进人才学历结构持续提升，主要集中在深圳支柱产业。中西部地区、广大基层却面临着人才匮乏又难以吸引毕业生的局面，导致“无业可就”和“有业不就”并存的状况。

这种大量毕业生过分集中在东部沿海发达地区和大中城市竞争数量有限的就业岗位，体现出大学生就业的结构性矛盾。而这种情况不是短期内形成的，其成因错综复杂，而且很难解决。

（三）到民营企业、三资企业就业的毕业生人数增多

教育部直属高校毕业生到民营三资企业就业的比例逐年增加，到机关、

教育科研、医疗卫生等事业单位和国有企业就业的毕业生比例继续降低，而到其他企事业单位和自主创业的毕业生比例逐年增加。这说明机关、教育科研、医疗卫生等事业单位和国有企业短期内无法提供大量的就业岗位，而更多的毕业生将流向民营、三资企业和其他事业单位。

（四）行业特点明显的专业和工程技术类专业就业形势相对较好

近年来，毕业生就业率最高的一级学科是工学类，需求量大，就业前景看好。高职高专毕业生就业率在 90% 以上的专业是：机床数控技术、纺织工程、海洋船舶驾驶、印刷技术、道路与桥梁。

（五）就业观念滞后于就业形势变化，滞后于高等教育大众化进程

我国在高等教育上日益大众化的趋势，在客观上对大学生提出了大众化的就业观，要求当代大学生在职业选择和就业竞争中怀着一个普通劳动者的心态和定位。而近年来，随着不断增加的就业压力及大众化的高等教育，毕业生的就业期望在总体上有所降低。但由于受教育投入较大、家长传统观念和社会舆论等多种因素影响，多数毕业生还是希望在大城市、发达地区、收入较高、相对稳定的单位就业。相当一部分毕业生的择业期望值与社会现实有一定差距，就业观念不能适应就业形势的变化，跟不上社会就业方式的变化。

第二节 择业心理与就业认知

一、择业心理

（一）大学生心理素质与择业的关系

心理素质是人整体素质的一个方面，是一个人的心理能力、性格品质、心理动力以及心理健康状况等的综合。在人的整体素质中，心理素质往往会影响或决定一个人的其他素质，因而占据十分重要的地位。尤其在大学生就业过程中，心理素质更是有着不可小觑的作用。

伴随我国不断推进的高等教育大众化进程，就业压力日趋成为引起大

学生心理困扰的主要原因。大学生就业形势严峻表现为：就业岗位的增长有限、毕业生规模增长与社会有效需求不成比例的问题逐步显现。

就业环境越严峻和特殊，大学毕业生就越需要有良好的心理素质。其原因在于，一个良好的心理素质对一个人的工作能力、工作态度和工作效率，都有着积极的影响作用。在困难来临时，良好的心理素质能够使大学生沉着应对，可以使大学生在择业期间保持良好的心情，以积极的心态迎接就业过程中的困难和压力，冷静地处理随时遇到的问题，调整自己的观念和行为，促进顺利就业、成功就业。

（二）大学毕业生面对就业时常见的心理问题

1.挫败感

面对就业这一挑战，大学毕业生在时因缺乏社会经验，难免会遭受挫折和失败。一些缺乏自信的毕业生，无法正视这种必然遇到的困难，将其当作不正常现象，尤其是在连续面试失败后，在现实面前就感到无能为力，对社会和自己失望、漠然；殊不知好多成功都需要顽强的坚持，对现实的逃避、漠视，使他们感受不到坚持不懈后成功的喜悦。

2.担心、害怕等恐惧心理

毕业前，大学生一直生活在半封闭的“象牙塔”——大学校园里，面临毕业，走向社会，往往会手足无措。在对就业单位的选择、未来目标的定位、亲情与爱情的选择等问题的解决感觉力不从心时，往往会产生害怕走向社会面对复杂的人际关系、在面试中遭受招聘单位的拒绝、找到的工作薪水没有同学高、工作后得不到领导的认可等一系列恐惧和矛盾的心理。对于即将踏入社会的大学生来说，过度焦虑引起的紧张乃至恐惧情绪，会使人处于极度敏感的自我封闭状态。

而无法对前景进行准确判断，使得大学毕业生在择业时缺乏理性思考，存在“杞人忧天，优柔寡断”、行动上漫无目的、精神上紧张压抑、消沉茫然等现象，这些都会对大学生的求职心态产生消极的影响。如果大学毕业生不能及时调节消极情绪，任凭担心和害怕心理肆无忌惮地累积，那会影响大学生的身心健康和顺利就业。

3.自我评价过低的自卑心理

自卑心理是一种不能对自己的能力进行客观的评价的心理，表现在对自己的评价和定位较低，对自身的行为能力不敢肯定。面对竞争激烈的就业市场，一些性格内向、不善言谈的学生常会产生自卑心理，存在不相信自己的能力、不能正视自己的优缺点、过分夸大缺点的作用等不正确心态，使这些学生把自己关在就业的门外。

4.虚荣攀比心理

有些大学毕业生对自我缺乏客观分析，在就业趋向上脱离现实，幻想舒适、高薪的职业，在择业定位的时候，老是拿自己和别人的工作待遇进行比较，失去很多就业机会。另外，一些大学生在求职时追求安逸清闲、洒脱自在的工作环境，宁可待业也不干"艰苦"的工作，缺乏艰苦奋斗、为人民服务的精神。

5.缺乏自我决断的依赖心理

长期的校园群体生活，使得很多大学毕业生在处理事情上存在着从众心理，而忽略了客观分析自身的实际情况，没有真正做到从自身的实际情况出发，也没有很好地分析社会的需求和将来的发展，从而丢失了良好的就业机会。

另外，在就业过程中，一些大学毕业生缺乏主见、自我决断能力，在处理各种问题时没有自己的见解，更缺乏信心和目标；在就业、择业上不积极、不主动，只想依赖学校和老师帮他们解决所有自己应该解决的问题，依赖父母为他们的未来做打算。这种依赖心理往往会使这些同学错失良好的就业机会，看着其他同学找到理想工作而望洋兴叹。

（三）大学生就业心理问题的原因分析

1.偏差的择业观念

有些大学毕业生在择业观念上存在偏差，喜欢到政府部门、事业单位和大的国企工作。在他们的观念里，事业单位待遇好、有保障而且压力小，而私营企业则压力大、待遇低。然而他们没有看到，当今社会，私营企业是最具前途和活力的，不仅是锻炼和培养人才的重要载体，还是吸纳大学毕业生的主要力量。因而这种存在偏见的择业观念与社会发展趋势相违背，导致大学生产生恐惧和依赖的心理。

2.发达地区供大于求的就业局面

现代社会的人才运行机制，以及扩招剧增的大学毕业生与发达地区社会需求增速有限的矛盾，导致了供大于求的就业局面。另外，企业减员及农村剩余劳动力进城务工也一定程度上影响着大学毕业生就业。就业难的现实情况是大学生在理想和现实存在一定差距，就业压力增大。加上社会上的个别不正之风，对大学毕业生就业心理产生巨大的冲击，使一些学生心态失衡，产生焦虑、急躁、偏执和抑郁心理。

大学生对社会还没有很深的了解，理想普遍与客观实际相脱离，他们希望大学毕业后能在大城市找到高薪工作。然而在供大于求的就业局面下，对于没有任何工作经验的应届毕业生来说，这种理想只能在他们攒足工作经验后才能实现。这种理想与现实的落差，导致大学生面临就业时出现了一系列的心理问题。

3.有待提高的心理素质

大学生的成功就业，往往建立在良好心理素质的基础之上。大学生作为一个特殊群体，承载着社会、家长很高的期望。由于生活经历、性格、成长环境、自身意识和努力等方面的差异，大学毕业生心理素质各不相同。很多毕业生的心理素质还较差，心理成熟的程度与生理成熟的程度不成正比，对一些困难和挫折不能正视，对一些矛盾不能抉择，一些好的机遇不能争取，并且不能很好地调控自己的不良情绪，对问题不能很好地进行甄别和分析，所以容易产生盲目和自卑心理。

4.众多现实矛盾

在从学校走向社会的过程中，大学生会遇到诸多前所未有的矛盾。比如，是就业还是考研继续深造；是回到父母身边工作还是到外地去打拼；工作地点在大城市还是小城市，大城市机会多，小城市环境好；是选择难得的工作机会，还是选择和大学恋人在一起等。面对这些矛盾，如果不能做到理智应对和正视现实，就只能徘徊于各种矛盾之间无法做出选择，这会严重挫败大学毕业生的自信心，进而诱发焦虑和恐惧等不良心理。

（四）解决择业心理问题的途径

1.知己知彼，抓住就业机遇

（1）求“通”心理

近些年，尤其是我国加入 WTO 以后，众多招聘单位对人才有着强烈的求“通”的心理需求。当然，对某一专业相当精通，又能在相关领域大显身手，会受到极大的欢迎。而拥有很高的外语水平，不错的 IT 专业知识，对本国和发达国家相关的法律都熟知，并且精通各相关专业，并且在某一领域内，对国外情况也很精通的人才，则更受欢迎。可以说，这类人才在目前职场上最抢手。

因此，大学生对自身应不断提升自己的综合能力，将自己打造成复合型人才，另一方面还应着力突出自己的优势。

(2) 求“专”心理

招聘单位在人才的录用上应该以专业对口为标准，尤其是一些工科、经济、法律等专业性很强的单位，更是首先要求专业对口。在这个前提下，招聘单位会对求职者提出专业技能的要求。这就要求大学毕业生一方面要靠平时的努力学习和积累，另一方面要学会对自己进行包装和展示。毕业生求职时要突出自己对这门专业掌握的深度，对这样的人才，招聘单位会重点考虑的。

(3) 求“优”求“诚”心理

众多招聘单位，尤其是国家机关、事业单位所看中求职者既是专业能手，又是学生干部、党员，为人诚恳，对人对事能坦诚相待的素质。大学生一方面应对自己良好的政治素质和能力予以展现；另一方面，面对面试中不了解或不太了解的问题，应坦诚相告，不能不懂装懂，最终给招聘单位留下对你的不信任，给你扣上一顶不诚实的帽子。

2.接受客观现实，适当调整就业期望值

接受客观实现并不是对单位没有选择，而是要在职业生涯规划和职业发展观念的基础上重新确定自己的人生轨迹。当获得一个理想职业的时机还不成熟时，应采取“先就业，后择业，再创业”的办法。

在就业市场上，因为大学毕业生的就业期望普遍较高，随之出现了招聘单位找不到人、大量的大学毕业生又无处去的“错位”现象。这就要求大学生必须要根据自己的实际情况和就业形势，调整自己的就业期望值，在择业时要看得长远一些，学会对自己整个人生的职业生涯进行规划。

3.坦然面对就业挫折，提高心理承受能力

挫折在人生之路上是任何人在所难免的，这就要求大学生在就业时要对自己有一个全面客观的评价，遇到挫折不自卑，择业顺利不窃喜。并且对挫折有一个积极的认识，不使其对自己有较大的消极影响，使其对自己进行积极的鞭策，越挫越勇，成为自己就业成功的垫脚石。

4.充分认识职业价值，树立合理的职业价值观

价值观是指人们认识和评价客观事物和现象对自身或社会的重要性时所持有的内部标准。价值观在职业选择上的体现，就是“职业价值观”。职业价值观又称职业意向，是个人对某一项职业的希望、愿望和向往，也是个人希望从事某项职业的态度倾向。职业价值观是个人职业价值观的直

接反映，是个人对某一职业的价值判断。

在大学毕业生对各种职业的认知过程中，职业价值观起到了“过滤器”的作用。它使个体的择业行为带有一定的选择性和指向性，这种选择性和指向性体现在人们对不同职业的认知与对不同职业种类的筛选活动中。它既是判断职业性质，确定个人在职业活动中的责任、态度及行为方向的“定向器”，又是抉择职业行为方式并进行制动的“调节器”。因此，要在考察社会需要的基础上，树立重自我职业发展、才能发挥、事业成功的职业价值观，以指导自己正确择业。

5.学会心理调适，缓和心理压力

（1）松弛练习法

松弛练习法是一种通过练习学会在心理上和躯体上放松的方法。放松训练可以很好地帮助人们减轻或消除一些不良的身心反应，如焦虑、恐惧、心理冲突、入眠困难、血压升高、头痛等症状。当大学毕业生遇到心理压力时，可以借助有关人员的指导做一些放松练习，安排好日常生活。

（2）自我反省法

自我反省法就是冷静、理智地对各种矛盾和冲突进行反省和思考，而不要冲动。这样，求职大学生不仅要对就业环境进行客观分析，搞清楚其面临的现状，还要对自我进行准确的定位，找到自己的位置。

（3）心理测验法

心理测验法是通过心理测验，了解自己的心理特点和问题，从而有针对性地调节自己，避开心理弱点，发挥优势的方法。例如，毕业生可以进行智力测验、人格测验、职业心理测验、能力测验，根据测验的结果来决定自己的职业选择或调整自己的情绪，使之达到良好的状态。

（4）自我转化法

为了很好地保护自己，使自己避免沉浸在不良的情绪中，在必要时可以选择自我转化法。这种方法往往将自己的精力和情感转移到其他活动中去，如参加自己感兴趣的活动，郊游，学习新的知识技能，从而求得心理上的平衡。

（5）专家咨询法

大学毕业生在进行择业时可以寻求心理专家的辅导，以提高就业能力。人的心理出现矛盾，特别是出现较大的心理负担之后，内心冲突激烈，自我调节难以奏效时，外来力量的帮助就显得非常重要，因此毕业生应当主动及时地寻求外来帮助。比如，从职业的分工、选择、适应、发展等方面提出问题，使专家了解情况，并一一进行分析，提出建议以供参考。目前许多学校建立了心理咨询机构，社会上的心理辅导服务业也发展起来。通过他们的帮助可以使大学毕业生更加客观、正确地认识自我，进行心理训练，提高择业求职的技能、技巧，消除不良心理。心理咨询作为一种教育服务形式，在高校发展迅速，深受大学生的欢迎和喜爱。它担负着培养大学生良好心理素质，解决心理矛盾，预防心理疾病，提高心理健康水平，促进大学生人格完善的根本任务。同时对大学毕业生择业心态的调适，更是起到主导和指引的作用。

一位哲学博士曾经这样吐露他的求职经历："我当初毕业时独自一个人来北京找工作。每天拿一张地图，一大早就出门，很晚才拖着疲惫的身子回到招待所。如果某一天没有出去找工作，我会感到极不自然。我开始问自己，我是在找工作，还是在找我自己？找工作的过程让我不断认识了自己，让我感觉到了自己的力量，在31岁时，这位博士终于踏上了人生使命之旅。

心理问题植根于人的本性之中，我们不妨把它比喻为塞满脏东西的排水管道。如果不良情绪没有能够释放，而是滞留在我们的身体内，就会造成心理堵塞。当这种堵塞变成我们体内熊熊的火焰时，这把火焚烧的就是它的主人，而不是它的敌人。合理地安排日常生活能帮助大学生缓解心理压力：试着保持有规律的作息时间，每晚按时睡觉；尽可能出去晒太阳，或者坐在明亮的光线下；坚持有规律的锻炼；每天大量饮水；饮食要均衡，多吃富含纤维的食品；尽可能把糖从饮食中排出去，少吃含糖食物等。

⑹ 聊天和写作

最近一项心理学研究表明，无法实现人与人之间的沟通，成为现代都市人群的一项最大的困惑，而这也成为患发疾症的关键。而对因毕业、就业苦恼的大学生来说，办法之一就是找人聊天，及时疏导和排遣郁闷。对应届大学毕业生而言，身边有着一群和你有着同样经历、同样诉求的同学，其中不乏知心好友……他们可以和你一道结成一个求职小组，在你沮丧和压抑时成为很好的听众，在你精神不振时鼓励你，失败时理解和支持你，成功时为你喝彩。

当你因为一个念头而久久无法入眠时，可以将这个影响你的思绪写下来，写出你对它的理解。不要因为这些事发生在你身上就感到自卑，一次招聘的失败，只能说明这个单位不适合你，丝毫也不表明你自身的能力有多大的缺陷。如果感觉不到希望的存在，这并不意味着什么，因为感觉总是有可能不符合现实的。你可能正置身于雾中，被挡住了视线——而雾总会有散的一天。

总之，只有通过社会、高校、大学生的共同努力，才能有效地帮助大学毕业生消除心理障碍，走出就业误区，从而顺利就业。

二、就业认知

就业认知指的是对自己、对职业、对社会与就业有关的问题的认识、了解以及选择职业过程中的推理与决策。一般来讲，大学毕业生的就业认知状况包括三方面：一是对自我的认知；二是对职业的认知；三是对社会因素的认知，如就业形势和就业政策。

（一）自我认知

就业的第一步就是要有明确的自我认识，然后才能在就业大潮中找到适合自己的职业。古希腊人把“能认识自己”看作是人类的最高智慧。一个人在自己的生活经历中，能否真正认识自我、肯定自我，对一个人的前程与命运有着重要的影响，你可能渺小而平庸，也可能伟大而杰出，这在很大程度上取决于你能否正确认识自己。

但就目前情况来看，相当一部分大学生的自我认知并不十分明确。相关调查表明，在大学生中有 9.8% 对自己有比较清楚的认识，80.8% 对自己的能力、兴趣等持含糊态度，9.4% 称完全不了解自己；有 71.5% 了解或很了解自己所适合的工作，28.4% 的说不清、不了解或很不了解自己所适合的工作。由此可见，大学生的自我认知能力并不乐观，自我认知水平相对较差，他们不能对自身能力、兴趣爱好、个性特点、专业特长以及社会对于专业人才的需求做出客观的认识和评价，对自己无法做出正确的社会定位，对自身缺乏了解，对自己适合从事什么样的工作模糊不清，这是造成择业时盲目从众的一个重要原因。

而对自身的认识有着内在和外在之分，比如我们对自己外在的特点如身高、体重等，可以通过一些工具进行测量。而一个人对自己存在的价值及内在心理方面的认识，即对自己的性格、兴趣、能力、价值观等都能做出恰当的、客观的评价，既了解自己，又能接受自己，并能为自己找到一个适当的社会定位，却要经历一个相当漫长的过程，具体来讲包括以下几个方面。

1.兴趣认知

（1）兴趣的含义

兴趣是一种对事物的喜好或关切的情绪。在心理学上，兴趣是个人对某种活动力求认识、探究的心理倾向，它通常以需要为基础，以特定的事物、人或活动为对象,并产生积极的情绪。只有符合人们心理和生理需要的事物才会引发人们的兴趣,进而产生认识事物的内驱力。

需要既是兴趣产生的基础上,也是兴趣发展的动力。生理需要如饥饿、口渴使人对食物、水所产生的兴趣是短暂的,当人们的生理需求一旦得到满足就会对食物和水等的兴趣消失。而与之相对,人的社会需要或精神需要却是持久的、稳定的、不断增长的。例如,人际交往、对文学和艺术的兴趣等,则是长期的、终生的,并且不断追求的。这种持续、长久的需求满足,才是我们真正意义上的兴趣。

早在2000多年前,孔子就讲到兴趣问题,他曾说过:“知之者不如好之者,好之者不如乐之者”。兴趣往往是大学生在生活、学习、工作中感到愉快、投入、发展、成就、自信、满足、自我实现等一系列良性循环的起点。所以,大学生在自我探索中必须要做的,是认识自己的兴趣。兴趣是一种具有稳定性“心理倾向”,它不是一时心血来潮。兴趣的形成虽然有一定的先天性生理基础,但主要还是由后天的生活实践和生活环境打造而成的。大学生们在设计自己的生涯时,要充分挖掘和培养自己的兴趣,将“选你所爱”与“爱你所选”相结合起来。

(2)兴趣与职业生涯发展的关系

发展兴趣对人的职业生涯有着极其重要的意义。人们对自己感兴趣的事情,总是废寝忘食,锲而不舍,直到走向成功。

对兴趣与职业生涯发展的关系,众多学者、专家、名人从实践的角度进行了印证,如我国著名物理学家杨振宁认为:“成功的真正秘诀是兴趣。”爱因斯坦也曾说过“兴趣是最好的老师”。我国著名的心理学家林崇德也说过,“天才的秘密在于强烈的兴趣与爱好。”获得诺贝尔物理奖的华人丁肇中说过:“兴趣比天才重要。”可见,兴趣是人们成才的内在动力,具有难以估量的价值。兴趣引导人走向成功的例子更是不胜枚举。比如,尹雄从同济大学桥梁工程专业毕业后,被分配到重庆一所大学任教。他十分喜欢音乐,一次偶然的机会,他在报纸看到一则吉他培训广告,他决定去报名。没想到这个不经意的决定,改变了他的人生。热爱音乐的他毅然辞职,从吉他培训起步,最后创办了北京巨人学校。

对此,尹雄曾感慨地说:人生的一些选择不要局限于所学专业,一定要从兴趣出发。如果你喜欢做这个事,没日没夜地干也会开心;如果不喜欢,每天工作几个小时也会很难受。2005年,他被搜狐网公众选民评为中国十大杰出民办教育家,巨人品牌也荣膺国内十大教育品牌之一。

作为一个人学习和生活中最活跃的因素,兴趣是一种带有情感色彩的认识倾向,它以认识和探索某种事物需要为基础,是推动人去认识事物、探求事物的一种重要动机。因而培养人们积极的学习兴趣、满足其强烈的求知欲，对于人的事业成就是非常重要的。

①兴趣对职业稳定性和适应性具有增强作用。爱迪生说：“因为工作是快乐的，所以人生是快乐的。”一个人从事感兴趣的工作，他就能够从工作中获得更多的愉悦感、价值感和满足感。人们从工作中获得乐趣，感受到自我的价值。所以，兴趣可以促进人们有效地适应工作，使人们工作的满意感得到显著提升。

②职业选择和职业定位受到兴趣的影响。职业生涯发展的最佳状态是个体兴趣与职业特点相匹配，因此我们追求“恰当的人从事恰当的工作”。

③兴趣能够对潜力进行开发，对创造力进行激发。据调查，如果一个人所从事的工作与个人的兴趣相吻合，那么个体在工作中能发挥其全部才能的 80%～90%，而且能长时间地保持高效率的工作状态并乐此不疲；反之，则最多只能发挥其全部才能的 20%～30%，还很容易导致厌倦和疲劳，工作效率大为降低。可见，兴趣对于人们在职业活动中的工作绩效影响重大。

2.性格认知

作为职业生涯探索中的一个重要部分，性格是每个人都有的与众不同的特质，罗曼·罗兰曾说：“每个人都有他隐藏的精华，和任何别人的精华不同，它使人具有自己的气味。”可以说，性格与职业的最佳匹配将使我们成为更有效的工作者。

(1) 性格的含义

性格是一种与社会相关最密切的人格特征，指表现在人对现实的态度和相应的行为方式中的比较稳定的、具有核心意义的个性心理特征。

性格主要体现在对自己、对别人、对事物的态度和所采取的言行上。性格通过人们的行为举止，表现了人们对现实和周围世界的态度。

(2) 性格与职业生涯发展的关系

在很多事情上，人们有擅长的一面，也有不擅长的一面。比如，当我们用自己常用的那只手签名时，通常感到自然，“得心应手”，毫不费力，很容易，字迹也清晰、整洁、流畅，看起来，对自己能够做好这件事也很有信心。而当我们用不常用的那只手签名时，就感到不自然，不习惯，签名时不得不想想，集中注意力才行，感觉吃力，字也写得别扭、笨拙。不过，我们发现自己也还是可以用这只手签名的。我们的左手、右手没有好坏、对错之分，只是习惯而已。以此相类比，如果能够找到一个适合的环境，在其中发挥自己的长处和优势，那么我们会很自信，并且往往会取得好的成绩。相反，如果要求我们做不擅长的事，那么多半会感到不舒服、不自在，而且可能干不好。不仅如此，性格还影响我们的行为模式，对能力的形成和发展起到制约作用，进而影响职业的选择和成就。

如果我们能够对自己的性格有一个清晰的认识，并能够找到与之相适应的环境和职业，那么我们就能够做出切合自己性格特点的职业选择。其原因在于，我们能够很快的适应和领悟，这样会使我们的职业生涯发展得更顺利，离成功更近。有一个例子能对这一点做出说明，具体如下。

19 世纪末，在布拉格一个贫穷的犹太人家中降生了一个男孩，随着这个男孩一天天长大，男孩的父亲对他寄予了极其深厚的期望，希望他成为一个顶天立地的男子汉，拥有刚毅勇敢的性格。然而在父亲严厉的培养下，男孩不仅没有如父亲所期望那样变得刚烈勇敢，反而更加自卑懦弱，以至于生活中的每一个小小的细节、每一件小事都会对他形成或大或小的灾难，他常常独自躲在角落里小心翼翼地猜度着会有怎样的伤害落在他身上。面对这样内向怯懦的儿子父亲彻底失望了。然而就是这样一位拥有着敏感神经的人却成为一位文明世界的文学家，他就是捷克作家卡夫卡。

虽然他不可能去当兵，去冲锋陷阵，也不可能成为一名能够在法庭上进行唇枪舌剑激辩的律师，但性格内向和怯懦的卡夫卡拥有着丰富的内心世界，能敏感地感受到一般人感受不到的东西，他可能是外部世界的懦夫，但却是精神世界的国王，在艺术和精神的王国中，卡夫卡懦弱、悲观、消极、躲避等性格弱点，反而促成了他对世界、人生、命运、生活有了更尖锐、敏感、深刻的理解。他以自己切身的生活感受为创作来源，为我们留下了《变形记》《城堡》《审判》等不朽的文学巨著，开创了文学史上一个全新的艺术流派。

所以，我们要更好的理解性格理论，要认识到以下四点。

①性格的类型由自己来做最后判断，只有自己才知道自己真正的性格类型。

②每一种性格类型和每一个人都具有独特的优点，因而性格类型没有对错、好坏之分，而在工作或人际关系上，也没有更好或更坏的组合。

③注意自己对性格类型的偏见，也不要用偏见来看待别人。

④你可以用性格类型去理解和原谅自己，但不能以它作为你做或不做任何事情的借口。

性格特质是以先天素质为基础，在家庭、教育和社会环境的影响下通过人的自身活动逐渐形成的。性格虽然并非形成于一朝一夕，但一旦形成就会稳定地贯穿于一个人的全部行动之中。性格对个体处理外部信息和采取行为的方式，产生着直接影响。面对同样的情境，拥有不同性格的人可能会采取截然不同的做法，从而产生截然不同的结果，因而有人说性格决定命运。

3.价值观认知

价值观指我们在生活和工作中所看重的原则、标准或品质，是个体行为背后的深层动机，激励和影响着个体的职业选择和发展，指向我们一生中最重要的东西。

（1）价值观的含义

价值观是指一个人对周围的客观事物（包括人、事、物）的意义、重要性的总评价和总看法，是社会成员用来评价行为、事物的准则。人们的行事风格、待人接物的态度等一切的行为模式，都受着价值观的影响。它是世界观的核心部分，支配和调节着一切的社会行为，涉及社会生活的方方面面。

（2）职业价值观理论

职业心理学家通过大量调查，从人们的理想、信念和世界观角度把职业价值观分为九种，如表 1–1 所示。

表 1-1 职业价值观及其特点

序号	职业价值观	典型特点	典型职业类型
一	独立经营型	又称非工资生活者型。他们不受别人指使,凭自己的能力拥有自己的小“城堡”,不愿受人干涉,想充分施展本领	演员、记者、诗人、画家、音乐家、雕刻家、摄影师
二	经济型	又称经理型。他们对金钱抱有极大的信心,认为金钱可以买到幸福;人与人之间也是金钱的关系,即使父母与子女之间的爱也无法脱离金钱	各类商人
三	支配型	又称独断专行型。想当上组织的一把手,飞扬跋扈,无视他人的想法,为所欲为,且视此为无比快乐之事	政治家、律师、调度员、管理人员
四	自我实现型	这种类型的人一心一意想发挥自己的个性,追求真理,他们不看重自己的地位、收入及他人对自己的看法,而是尽力去对自己的潜力进行挖掘,施展自己的本领,并认为这才是有意义的生活	各类学科的科研人员
五	才能型	这种类型的人内心单纯，喜欢赞美别人，将周围人的欢迎视为乐趣。他们通常有着不凡的谈吐，新颖的服装，有他们的地方都有着活跃的气氛	营销人员、公关人员、司仪，节目主持人

续表

六	自尊型	这种类型的人有着很强的自尊心，追求较强的虚荣心和优越感，渴望社会地位和名誉，由于过强的自我意识，有时反而自卑	公务员、银行出纳、工商税务人员、会计
七	志愿者型	这种类型的人有着较强的同情心，很容易将他人的痛苦视为自己的痛苦，拒绝表面上的哗众取宠，将对他人的默默帮助看作是无比快乐的事	护士、社会工作者、导游、咨询人员
八	自由型	这种类型的人在做事起初一般没有什么计划和目的，但能够根据当时的氛围适时的调整自己的行动，能够承担有限的责任，不喜欢麻烦他人，生活随便，无拘束	无固定职业
九	家庭中心型	这种类型的人一般比较踏实，有着较为保守的生活态度，不敢冒险，生活平凡而安定，对与家人的团聚极为珍惜	农民、工程师、飞机机械师、机械工、司机

(3) 价值观与职业生涯发展

在人们的职业生涯发展中，价值观起到决定性的作用，它对于人们的职业发展的影响，甚至超过了兴趣和性格对个人的影响。而我们也看到，在实际工作中，一个人对自己在工作和生活中想要寻求什么，什么对自己来说最重要，对自己的价值观越清楚，他就拥有越清晰的职业生涯发展目标。

①价值观与职业选择。人们对各种职业的主观评价，因个人的年龄阅历、身心条件、家庭影响、教育状况、兴趣爱好等方面的不同而不同，但职业的满意度来源于价值观与职业的契合度。我们应该注意到，世上没有哪种职业可以满足个体所有重要的价值观，因此在价值观的探索过程中，我们必须学会区分价值观的优先次序，澄清个体所有价值观之间的相对重要性，这是有效的职业决策和职业生涯规划的重要组成部分。

②价值观的激励作用。价值观作为一套自我激励机制，是驱使人们行为的内部动力。依据马斯洛的需求层次论，人有五个层次的需求：生理需求，安全需求，归属需求，尊重需求和自我实现的需求。只有当低层次的需求得到基本满足后，个人才能关注并致力于满足下一层次的需求。比如：有些大学毕业生会考虑要做自己喜欢的工作，而有些则可能比较重视工作能带给自己多少收入。据报道，2010 年初的劳动力市场，找工作的“80 后”“90 后”农民工也不再单纯看重工资多少，而是关注工资的同时

提出了每周休息时间、文化娱乐活动的要求。这两者的不同可以归结于他们所处的需求层次不同，前者在“生理”“安全”的层次上，而后者是在较低层次的需求已经得到满足的情况下，追求对“归属”“自我尊重”“自我实现”的需要。随着社会的发展，这种较高层次的需要满足会成为更多人的追求。

4.能力认知

每一个进行面试的求职者，在面试时都会遇到招聘方以不同的形式提出的关于“你有什么能力来胜任我们的工作?”的问题，可以说我们最需要证明的及用人单位最关心的就是能力的问题。因而为了在就业中拥有竞争力，对能力的发现、培养和表现就显得极其关键。

(1) 能力的含义

能力对活动效率产生直接影响，是使活动顺利完成的个性心理特征。作为顺利完成某一活动所必需的主观条件，能力总是和人完成一定的活动相联系在一起，人的能力只有在具体的活动中得到表现和发展。在管理学中，能力指个体能够成功完成工作中各项任务的可能性。

(2) 能力的类型

①能力分类。根据能力的获得方式，可以将其分为“技能”和“能力倾向”两大类。技能：这类能力如人际交往、阅读、表达等是经过后天的练习和学习而培养形成的。能力倾向：是指上天赋予我们的如音乐、运动能力等特殊才能。

②加德纳的多元智力论。目前较为流行的多元智力论是由美国哈佛大学教授、发展心理学家加德纳(Gardner)提出的，他认为智力是多元的，人类至少有七种不同的智能：逻辑—数理智力、言语—语言智力、身体—动觉智力、视觉—空间智力、交往—交流智力、音乐—节奏智力和自知—自省智力。这七种智力以不同的方式和组合，形成了不同的结构。天生我才必有用，如果每个人能够充分发挥自己独特的天赋，每个人都是出色的。

③技能的分类。辛迪·梵和理查德·鲍尔斯将技能分为三种类型：自我管理技能、知识技能、可迁移技能(或称通用技能)。通常人们比较容易想到自己所具备的知识技能，但事实上，自我管理技能和可迁移技能使我们有可能不局限于自己的专业，可以在更广的范围内选择职业，所以显得更为重要。

自我管理技能：自我管理技能包括情绪管理能力、人际沟通能力、问题解决能力、时间管理能力、团队协作能力等软性的素质技能，所以经常被用来描述或说明人具有的某些特征。这些能力往往能够通过主观努力培养和训练获得，它们有助于职业人协调处理复杂的工作事件，被认为是“成功所需要的品质、个人最有价值的资产”，也是企业极其看重的能力。而事实上，人们被解雇或离职更多的是因为缺乏自我管理能力，而不是因为缺乏专业能力。

知识技能：知识技能是指那些需要通过教育或者培训才能获得的特别的知识或能力。这些技能是求职者所懂得的东西，涉及求职者学习的科目。比如：你是否掌握电脑编程，外语、或化学元素周期表等知识。

据研究，知识技能必须经过有意识的、专门的培训才能掌握，是不可迁移的。它们常常与我们的专业学习或工作内容直接相关。在进行就业岗位选择的时候，许多大学生常常由于不喜欢自己所学的专业，不愿找“专业对口”的工作，而又不舍得或不甘心将几年学习的专业丢掉，许多人会选择临时凑合，等待时机，以至于造成不断跳槽的现象。还有部分大学生会通过继续学习深造来改换专业。

面对这样的尴尬局面，其实有很多种解决的方法。比如，很多知识技能还可以通过课外培训、专业会议，讲座、研讨会、自学、资格认证考试等方式获得。像现在许多大学，开设有辅修专业，可以满足学生与兴趣相关的专业知识学习的需要。除此，现在很多公司也为新员工提供相关的岗位培训。许多招聘方已不再严格要求专业背景，而看重的是综合素质，也就是“自我管理技能”与“可迁移技能”。因此，大学生在校期间，一定要在学好专业知识的基础上，多参加活动，尤其是专业性社团活动，多给自己争取、创造锻炼的机会，从而提高综合素质，提升就业竞争力。

比如这样一个实例：高职学生吴某，上学时兴趣广泛，而对专业学习不太上心。毕业后应聘到一家兽药公司工作。刚上班就被分配去做销售，经销商看他专业不太好，不是很看好他，就请求公司换人。吴某很受打击，就把上学时学的几门专业课的教材找出来，吃饭时看，睡觉前看，出差时车上看，好不容易休息一天，也把自己关在屋里看，几周下来，几乎背会了教材，还把公司的产品介绍也背得滚瓜烂熟。再和经销商一同出去推销，遇着下面的养殖户提问题，他就把教材中相关的章节背给人家听，然后再把公司相应的产品介绍也背出来。几次之后，养殖户不再提问题了，因为他背得“太专业了”，经销商也对他刮目相看。接下来的销售业绩不断提升，他的专业知识也在这种机械的“背书”过程中很快娴熟起来。两三年之后，他成为了公司的销售冠军。

可迁移技能：可迁移技能指职业人会做的事，可以说是职业人能够触类旁通的能力，也被称为通用技能。它的特征是它们可以从生活中的方方面面、特别是工作之外得到发展，却可以迁移应用于不同的工作之中。

据调查，其结果显示企业在招聘人才时不仅看其学习成绩，更重视其他的综合能力，排在前几位的多是良好的表达、沟通能力，较强的分析、组织能力及领导能力，尤其是团队协作精神。所以，在各类毕业生双向洽谈会上，担任过各类学生干部的毕业生尤为受到重视。

(3) 能力与职业生涯的发展

能力是影响人们职业活动效果的基本因素。一方面，只有具备职业相关的能力素质，才有可能从事某项工作，能力水平越高，工作表现越好；另一方面，只有对自己的职业能力有充分的认识和判断，才能“量体裁衣”地找到适合自己的工作。合适的工作又有利于促进个人职业能力的进一步发展，两者相互促进，良性循环，进而带来职业上更进一步的发展。

（二）职业认知

大学生的职业认知，来自于其对自己的职业个性、职业偏好以及面临的就业信息等方面的认识。而获得这一认知的过程，又被称为职业探测。良好的职业认知对求职者搜寻工作的动机有很好的激发作用，有效提高其工作搜寻的努力程度，从而获得良好的求职结果。

大学生对所选职业认知不足而带来的种种问题，不仅会给招聘单位留下不踏实、轻率、缺乏敬业精神的负面影响，还有可能对大学生日后的工作心理状态带来严重的负面影响，这也是造成就业压力的一个直接原因。

因此，大学生要想成功就业，提高对就业的各个方面的认知是十分必要的。

1.职业含义

作为一个社会人，不论男女老少，还是军人、农民，亦或受教育程度和家庭背景，一生中一定会遇到职业的问题，因而职业也成为人们经常运用的词语。从字面来看，职业由“职”与“业”二字构成。所谓“职”，包含着社会职责、天职、权利与义务的意思；所谓“业”，包含着从事业务、事业、事情、独特性工作的意思。从科学含义上来讲，“职业”指人们从事的相对稳定的、有收入的、专门类别的工作，综合反映了人们的经济状况、行为模式、生活方式、文化水平、思想情操等，是一个人的权利、义务、权力、职责，从而是一个人社会地位的一般性特征。由此可见，职业是人的社会角色的一个极为重要的方面。

2.职业分类

没有人能够在对大千世界的每一种职业进行逐一认识之后，再决定自己是否感兴趣和是否合适。因此，大学生在选择职业时，应首先选择适合自己的职业类别，再仔细挑选适合自己的职业。

美国著名的职业指导专家霍兰德将职业分为六种类型，即社会型、现实型、艺术型、常规型、企业型和研究型。

按照工作性质同一性的基本原则，我国组织劳动和社会保障等相关部门对社会职业进行了科学划分和归类，并于 1999 年 5 月正式颁布《中华人民共和国职业分类大典》。它将我国的职业归为 8 个大类、66 个中类、413 个小类、1838 个细类 (职业)。具体分类如表 1–2 所示。

表 1-2 社会职业的分类

第一大类	国家机关、党群组织、企业、事业单位负责人	包括 5 个中类、16 个小类、25 个细类
第二大类	专业技术人员	包括 14 个中类、115 个小类、379 个细类
第三大类	办事人员和有关人员	包括 4 个中类、12 个小类、45 个细类
第四大类	商业、服务业人员	包括 8 个中类、43 个小类、147 个细类
第五大类	农、林、牧、渔、水利业生产人员	包括 6 个中类、30 个小类、121 个细类
第六大类	生产、运输设备操作人员及有关人员	包括 27 个中类、195 个小类、1119 个细类
第七大类	军人	包括 1 个中类、1 个小类、1 个细类
第八大类	不便分类的其他从业人员	包括 1 个中类、1 个小类、1 个细类

由此可见，大学生就业主要集中在第一和第二类，第三和第四类也有相当部分，其余类较少。

从 2004 年起，国家根据社会经济发展需要，建立了新职业定期发布制度。截止到 2010 年已公布玩具设计师、宠物医师、公共营养师等 80 多种新职业。

3.职业对人才素质的要求

一个优秀的职场人士，应具备品行高尚、吃苦耐劳、踏实认真、敬业乐业、善于沟通、专业知识精深、积极合作、解决问题能力强等一般职业素质要求。除此之外，每个职业都有自己不同的职业素质要求。下面介绍大学生择业中几类职业对素质的要求。

(1) 工程技术类职业

要求从业者牢固掌握所学的专业知识，具有较新的现代专业理论和解决较复杂技术问题的能力，熟练地应用现代技术知识及管理知识，在相关的专业知识基础上具备筹划、论证、设计、组织实施以及解决各种工程技术实际问题的能力。还要求从业者工作认真细致、一丝不苟，能够理论联系实际，积极深入生产第一线。

(2) 文化新闻媒体类职业

要求从业者不仅有广博的社会、历史、文化知识，扎实的专业基础和技能，而且应具有较强的政策观念和贯彻党的路线、方针和政策的自觉性，有一定的胆识、灵活的处事能力、较强的沟通能力以及敏锐的洞察力，同时还应具有较强的语言文字表达能力和写作能力。大学期间曾发表过文章的毕业生，在这类职位的招聘中有较强的竞争力。

(3) 教育类职业

要求从业者熟悉本专业最新研究成果及其发展趋势，了解与本专业相近的新兴边缘学科或交叉学科的情况，具有较高的文化素养，达到“一专多能”、兴趣广泛的要求。在具备专业知识和技能的同时，掌握心理学和教育学的有关知识，能够熟练制作多媒体课件，能讲标准、流利的普通话，表达能力强，条理性强，五官端正，具备良好的课堂教学组织管理能力并善于做学生的思想工作。

(4) 管理类职业

要求从业者具有相关的管理理论和知识，能根据管理职业的实际需要和管理科学的发展规律办事，掌握税务、工商、对外经贸管理、法律等知识和国家有关的方针政策，并具有相应的工作协调能力、社交能力、群众工作能力和组织能内，以及认真负责、依法办事、坚持原则、严于律己、讲究实效的精神。大学期间有过社会工作经历或担任过学生干部的毕业生，深受招聘这类人员的单位青睐。

(5) 科研类职业

这类职业要求从业者具有丰富、坚实的专业科学知识，掌握严谨的科学研究方法并能将之运用于实际研究中，掌握大量本专业领域的前沿信息，熟练掌握本专业的各种实验方法和调查方法并能将之运用于实际工作中。因此，要有较强的发现问题、分析问题和解决问题的能力，以及追求真理的精神和较强的求知欲。

(6) 公关类职业

公关类职业指在各级各类单位中从事对内联络与沟通、对外开拓与建立友．好关系等工作的职位。这类职业要求从业者善于分析判断、把握机遇，善于了解别人的心理、跟各种不同类型的人相处交往，善于协调各种关系、为领导提供高质量的决策信息。因此，这类职业的从业者要有广博的知识结构、广泛良好的社交能力、干练的办事能力和较强的文字及语言表达能力。

(7) 财会类职业

财会类职业不仅要求从业者能够掌握一定的法律学、经济学、管理学以及营销学方面的知识，精通财会专业的基础知识和与本职工作有关的政策、法规和规章制度。

作为一名财会人员，大公无私、诚实可靠是其基本素质。此外还要严守财经纪律，保守财经秘密，善于学习，不断更新业务知识，并有较强的社交能力。

(8) 法律服务类职业

法律服务类职业包括提供辩护、法律咨询、法律顾问、诉讼与非诉讼、仲裁、公司注册、处理合同纠纷等法律服务的职业。

4.职业发展趋势与社会因素认知

(1) 职业发展趋势

对职业发展趋势的准确把握，能够对大学生职业生涯发展提供方向，为职业目标的选择提供思路。大学生为了对变革的社会职业环境做到更好地适应，避免择业的盲目性，应该对职业的变迁和发展趋势做到密切关注。

①社会服务业、第三产业发展壮大。随着科技与经济的发展，社会生产力不断得到提高，这解放了大量的劳动力，服务行业日渐兴起。为了方便，人们逐渐倾向于寻找社会服务行业来为其服务，这使得第三产业的劳动人口得到迅速增加，这又进一步催生出了大量的新职业，使得第三产业成为吸纳社会劳动力的重要渠道。

②由传统工艺向信息化、智能型转化。随着现代科技的发展，传统工艺逐渐被淘汰，很多职业岗位在科技含量上不断增加，因而，对信息管理方法能够熟练应用的智能型操作人员，成了今后时代需要的新型人才。

③由单一基础向跨专业、复合型转化。通过分析目前的就业情况，可以发现企业在劳动方式和岗位要求上逐步复杂化，更多的跨专业复合型人才越来越受到欢迎。

④由继承型向知识创新型转化。知识经济时代对劳动有着创新性的要求，要求劳动者必须不断树立创新意识。今后，只有创造型人才才能更好

地胜任岗位职责。

(2) 社会因素认知

每个有抱负的大学生都有着自己的职业理想，有着希望找到一份满意的工作，以实现自己的人生价值的美好愿望，但这一切的实现需要对现实的充分认识。目前对社会因素的认知主要包括对就业政策和就业形势的认知两方面。

①就业政策认知。国家的就业政策为大学生就业提供了制度平台，影响着大学生就业的全过程。国家关于大学生的就业政策，影响着大学应届毕业生的就业行为选择、就业能力的提高和就业机会的获得。

然而，大学生对就业政策的认知却还很薄弱。有关的调查结果显示：大多数的大学毕业生对涉及自身切身利益的就业政策、法规不大了解，这使得众多大学生以个人利益为中心盲目就业，出现认知偏差，从而也失去了许多就业机会。

②就业形势认知。大学生要想顺利就业，首先应当对自己面临的就业形势有一个客观的判断。而事实是部分毕业生因为缺乏对就业形势的基本了解及对就业信息的准确分析和判断，导致六神无主，茫然不知所措。

5.提高大学生职业认知的途径

在接受传统的校园就业指导的同时，大学生还应通过网站和书籍寻找专业的应聘技巧及行业需求。同时，通过心理测试、问卷等对自己的性格、兴趣、价值观等有一个充分的了解，做到既了解社会又了解自己。

(1) 在校生

①针对某些特殊专业的在校生，如经济类在校生应加强基础性、实践性和创新性学习，结合实习来对本专业工作在社会中的专业要求有一个深入了解；文科类在校生应结合自身的实际情况来确定自己的就业方向，从而能够使得自己的优势得以发挥。

②针对广大在校生提升综合素质，把自己打造成复合型人才。大学生应该多接触社会，多参加校内举办的各种活动，从而提高自己的沟通协作和人际交往等能力；心态上要戒骄戒躁，虚心请教，不能眼高手低，降低自己的就业预期。

(2) 学校

对学生的就业心理加强指导，对学校就业指导进行细化，使其充分发挥作用。学校应对就业指导老师加强培训。此外，还应定期安排就业指导老师深入企业进行实地考察，以使其对社会就业形势有一个及时充分的了解。同时，各学校就业指导老师间的沟通交流也很重要。

①加强与企业的沟通合作。高校需建立完整的企业实习信息库，包括实习生信息、企业信息、岗位信息、实习反馈信息等，统计整理以往的实习情况，总结出更有效的实习方案，以指导以后的实习工作。

②帮助大一学生认清自己的目标，做好大学规划，对其进行跟踪反馈来帮助学生调整规划；大二开始进行就业专项指导。

(3) 企业

关注政府有关校企合作的各项鼓励政策，优化企业人才引进制度，参与大学生的专业课程设置与实训计划，配合学校通过组织学生参加工作项目来提高学生的非专业素质和专业素质。

(4) 政府

各级政府应以市场需求为导向，优化高校人才就业政策的信息服务和相关政策，使学生及时了解利好政策。政府应倡导企业尽其所能支持高校人才培养计划，努力为社会营造一种积极的氛围，使企业认识到这样做是一种承担社会责任的体现，并对积极与高校合作的企业给予奖励，为大学生实习营造良好的社会氛围。加大对大学生自主创业的支持，比如实施工商注册和税费优惠政策，优化创业资助政策。加大创业资助力度，鼓励当地高校与企业采取各种方式合作，共建大学生创业园，将创业园融入当地成熟的产业园区中。

第三节　就业竞争力的提升

一、招聘单位对人才的评价标准

随着社会经济的发展，招聘单位在选择大学生时，不仅看重专业因素，而且更看重大学毕业生的素质和能力等非专业因素。

从国外招聘单位的择才标准来看大学生就业，英国 32 家企业认定大学生必须能信守承诺、胜任工作、自信、富有创造性和奉献精神。美国企业接受大学毕业生所考虑的因素主要包括：工作经历、态度、前企业的推荐材料、现企业的推荐材料、基于行业的专业技能证书、上学年限、面试时的分数、学校学习成绩、求职人学校的声望和教师的推荐等。此外，还有基本的计算机技能、高度合作技能、基本的性格因素，如勤奋、守时、负责、值得信赖等。同时，自我导向的快速学习能力、处理抽象概念的能力及轻易解决广泛范围问题的能力，也不可忽视。

在社会经济不断发展的过程中，国内招聘单位开始有着与外国企业越来越趋近的择才理念。由团中央学校部和北大公共政策研究所联合发布的《2006 年大学生求职与就业状况的调查报告》显示，企业对大学生基本能力要求依次为：外语能力占 47.7%，专业能力占 47.7%，自我表达能力占 54.5%，人际交往能力占 56.8%，环境适应能力占 65.9%。

中外招聘单位的择才标准告诉我们，社会在选择大学毕业生时，他们不仅看重专业因素，还看重非专业因素，而且对某些非专业的东西更加看重。综观中外招聘单位的择才标准我们可以看出，影响大学毕业生就业的非专业因素集中表现为以下几个方面。

(一)品格——就业成功的核心因素

品格是做人的准则和范式，主要包括行为品格、心理品格、情态品格、意志品格。品格事实上已成为从中外招聘单位的择才标准的核心要素。品格以道德为核心，道德以诚信为核心要素，中外招聘单位几乎无一例外地把道德和诚信作为选择人才的核心标准。正如安利中国公司人力资源总监张玉珠所说，每个企业都希望招聘到有才能的人，但最关键的环节还在于人品。一个人的专业能力再强，如果品格不好，招聘单位是不会录用的。

在福建省一次非师范类毕业生供需见面会上，一家网络公司的招聘席前挤满了求职的大学生。没有人主动排队，公司老总看着乱哄哄的场面一直喊：“请排队!不排队的我们不要。”很多学生挤到招聘席前，高举简历，大声叫嚷：“喂，收一下我的求职材料!”整个招聘会现场纸片、矿泉水瓶、塑料饭盒等垃圾随处可见。一些大学生把从招聘单位拿来的介绍材料随手扔在地上；有人把报纸铺在地上，随地而坐，站起来后也不顺手拿走。该单位最后的录用结果让很多求职者震惊。公司老总宣布，我们就录用排在队伍最后的那位学生。此时，只见那位学生还在低头默默地捡着地上的废纸。

(二)能力——就业成功的直接因素

能力因素是大学生就业成功的最基本、最直接的因素，中外招聘单位或机构提出了明确的非专业能力要求，主要在以下五个方面。

1.人际交往能力

人际交往能力是任何工作单位都比较看重的能力，这项能力会为毕业生求得很多机会，使他们的工作局面能够很快打开。现代社会中，合作和协调是任何一个公司、单位在完成一项工作中所不可或缺的，任何一项工作都无法在孤立的状态下完成。对任何一个集体或团队而言，良好的人际关系意味着和谐、团结、理念和事业的发展。

2.适应能力

现代科技的迅猛发展，不断加快的全球化经济发展的步伐，使得适应能力成为应聘单位在考察求职者过程中极其重视的一项能力。现代社会环境变化加剧，生活节奏加快，每个人相对固守一个单位、一个地区和一个专业的概率大大减少，这就要求现代大学毕业生要善于从旧的环境中解脱出来，不断调整自己的行为方式、生活方式和思维方式，努力适应新的环境，以获得更充分的生存和发展空间。

3.实践能力

实践能力也就是解决实际问题的能力，包括应用能力和动手能力，这是中外招聘单位都极其重视的能力，而这种能力涉及的不仅是本专业问题的解决，还包括解决相邻、相关非专业问题的能力。

在大学生就业过程中，实践能力是一项核心能力。而这也是我国传统教育所轻视的一种能力，因而构成了制约大学生就业的主要因素。

4.表达能力

表达被誉为“敲开企业大门的第一块砖”。据相关调查显示，在就业困难的诸种要素中，性格内向、不善于表达是极其关键的要素之一，如向招聘单位递上一份简历，表现的是文字表达能力；与招聘单位一见面，开口就是口头表达能力的展示。

某企业的高层管理曾经很直白地说，企业招进的每一名员工都是公司形象的代表，在实际工作中表达能力不容忽视。如果不善于表达，人际关系必定受到影响，进而自己的其他能力也将受到影响。

5.组织管理能力

组织管理能力包括组织、策划、沟通、协调、指挥、控制等方面，是带领团队完成某件综合性工作的能力。大学生中相当一部分将走上管理岗位，即便未走上管理岗位，他们也需要很好地融合到某一个团队中去。

除此之外，对大学生就业产生影响的非专业能力还有很多，如学习能力、应变能力、观察能力以及分析能力等，特别是学习能力，已成为现代招聘单位考查的一个重点因素。

(三)观念——就业成功的先决因素

观念主要指人们的人生观、世界观、价值观，是人们对客观事物比较稳定的看法，主要反映了人们的精神世界，在大学生就业过程中就直接表现为职业观、择业观和工作观等。而通常我们在面试过程中遇到的面试官这样的问题如“请介绍一下你自己”“你为什么要来本单位工作”“你有哪些业余爱好”等，都是招聘方对我们三观的考察。

据相关调查显示，在就业初期，大学生过高的期望值是导致其就业困难的主要原因之一，这表明大学生就业观与社会需要之间存在错位现象。因而，从根本上还是要加强大学生三观教育，帮助大学生树立正确的工作观、择业观、职业观等，是培养大学生优良的就业素质的首要条件。

(四)方法——就业成功的关键因素

现代招聘单位对大学毕业生的实践方法和思维方法的考察都极其重视。比如有些招聘单位对求职者组织进行的能力测试，而有些招聘单位会专门给求职者设置一些问题情景请求职者进行解决，这些都是对求职者思维方法、认识方法和分析解决问题方法的测试。此外，还有一些外企惯于从现实生活中选取问题，以对求职者综合思维能力进行考察。

在突飞猛进的现代信息社会，很容易过时的是技能和知识，而方法则可以长期发挥作用。现代很多单位对方法极其重视，而从某种角度来讲这也是对人的可持续发展能力的重视。而方法的传授也恰恰是当代我国大学教育所没有重视的内容。

二、最受企业欢迎及最令企业反感的求职者

在调查分析中发现企业对薪酬要求过高、频繁跳槽和缺乏团队精神的三类人员最为反感，而对以下几类人员最为欢迎：综合素质好；认同企业文化；有较强的专业能力；对企业忠诚，有团队归属感；有敬业精神和职业素质；沟通能力强，有亲和力；能带着激情去工作；有团队精神和协作能力等。

总体而言，各类企业对广大大学毕业生都给予了积极的评价。与此同时，他们也客观地指出了大学毕业生普遍存在的缺点和不足，主要表现为以下三个方面。

①心浮气躁，普遍缺乏吃苦耐劳的精神，不愿意接受基层的锻炼，要求过高，对自身认识不足，盲目攀比心理较为严重。

②知识面宽而不精、能力有限，知识结构不合理。

③没有明确的职业发展方向和准确的自身定位，这在某种程度上导致了大学生求职上的较低成功率。

市场调查表明，在我国经济发展的大潮中人才供需出现不平衡的现象是符合客观规律的，是与我国经济的良性发展和中国与世界经济的接轨相适应的。面对人力市场的供求状况，我们在今后的教学过程中，就应该顺应市场供需变化规律，调整专业和教学计划，使学生在有限的时间内既能学得一技之长，又有一定的组织管理能力。

毕业生必须做到以下两点。

(1) 具备完善的知识结构体系和良好的学习素质

在学习过程中，大学生最重要的不是对知识的掌握，而是对学习方法的探索和掌握。要努力养成良好的学习习惯，不断提高学习效率，拓宽知识领域，结合自身的兴趣、爱好及社会对人才的需求，有选择地学习跨学科或交叉领域相关知识的学习，从而使得知识结构体系不断完善，学习内容不断充实，实现对单一学科在知识体系上不足的弥补，更好地适应社会需要。

(2) 树立正确的自我认识和顺应社会的择业观念

在校期间，大学生应通过学校的各种就业教育及活动树立正确的自我认识，既避免狂妄自大也避免妄自菲薄；客观地认识自己的优缺点，树立自己的自信心，尝试迎接各种挑战，自强不息。

此外，对社会的发展变化还要及时关注，适当降低就业期望值，将客观社会的需要与主观个体的需要进行有机结合，转变自己的就业观念，树立远大抱负。

三、择业的先决问题

(一)剖析自己的条件，实现“知己”的目的

1.剖析自己的品性

大学生应该正确评估自己的品性，对以下几方面进行自省。

①是否勤俭?

②自己有没有恶习?

③有没有坚持自己决心的坚强意愿?

④影响个人前途发展的障碍、缺憾有哪些？

⑤最容易受到干扰的情感因素是什么？

⑥有没有勇往直前吃苦耐劳的精神？

⑦有什么特殊的个性，它是否会成为自身职业成功的基础？

……

2.剖析自己的心理状态

人的心理状态在很大程度上影响着其所从事的职业。同时，各种职业有着内容各异的工作内容，而这些工作内容又决定着工作职员要有与之相适应的心理状态。所以，在选择或规划自己今后的职业之前，必须先回答以下问题。

①我的忍耐力怎么样？

②我的判断力怎么样？

③我的创造力怎么样？

④我的注意力怎么样？

⑤我的记忆力怎么样？

⑥我做事是否敏捷？

⑦我的理解力怎么样？

⑧我做事是否精细？

了解自己的心理状态，是择业的先决条件之一。当然，还可以请求他人，如父母或咨询机构来认真地摸清自己的“心理特征”，实现对自己心理状态的正确判断。

3.研究自己的“家境”

自己的家庭经济条件、邻里关系及人员组成等，都是“家境”的主要因素。在择业过程中，大学生要对自己的家庭责任进行充分考虑，如本科毕业生是就业还是继续学习深造，家庭经济条件允许与否。

4.剖析自己的特殊能力

在择业的时候，应该通过以下问题来剖析自己的特殊能力。

①有没有数理精算的特长？

②与人交际的能力如何？

③有没有雄辩的特长？

④有没有音乐、美术、舞蹈等艺术特长？

⑤有没有领袖、组织者的特长？

⑥劳动技能强不强？

只有对自己所具有的特殊能力有一个清楚的了解，以自己的特殊能力为依据，才能更准确地设计自己的职业规划。

(二)职业准备

大学生从事工作前，要做好三方面的“修养”准备：身体的修养、德行的修养、知能的修养。

1.身体的修养

我们要完成职业工作必须要有一个良好的身体状态，人们在很多谈及素质的时候忽略了“身体”这一关键因素。关于身体的修养，大学生要着重从生活节奏、生活习惯、饮食、起居、清洁、服装、运动这七个方面入手。

2.德行的修养

世界上有着千百种职业，但“德行”作为从事职业最基础的素质，是一个人进入职场的前提。好的德行主要表现在以下七个方面。

（1）勤劳

世间事不论大小和简繁，最怕一个“勤”字。中华民族自古就是一个勤劳的民族，做事勤勤恳恳，一丝不苟，要做到能吃苦，善做事，不推诿、躲避和偷懒。

（2）忠实

忠实体现在不仅对自己所做的工作要竭尽全力，还要对别人交办的事情尽心尽力去完成，不浮躁；态度决定高度，在各方面的工作中都要有忠实的态度，最终必然取得成功。

（3）谦卑

谦卑总是与骄傲相对，谦卑和悦的态度会带来与他人相处的舒畅。不管是在社会生活中还是在日常工作中，我们都应该做到富贵不骄，贫寒不贱，用心做事，谦以待人。

（4）诚信

“人无信不立”，中国自古将诚信作为做人的基本道德准则。诚信不仅是待人接物的要素，也是职业上不可缺少的德行。

（5）和悦

和悦是一种精力充沛的良好精神状态，这种饱满的工作状态会让人对人对事应对自如，打消为难心态。

（6）敬谨

“敬”字包含了精细、认真、努力、忠实等，可以说敬以忠为纲，敬是忠的实施。孔子说：“言忠信，行笃教，虽蛮貊之邦行矣。”“敬而信”“居处恭，执事敬，与人忠，虽之夷狄不可废也。”可见，人对于事业必须注重

“敬事”，才能有所作为。

(7) 戒贪欲

古人语：“利令智昏。”孔子说：“见小利则大事不成。”初出世事的大学生，必须牢记“不义之财不可取”的古训。

3.知能的修养

大学生应当在专业技能和知识上，为自己选择的职业做好充分准备。不仅要有充足的理论知识，还要有充分的实践知识。具体来讲，可以从以下三方面加强自身修养。

(1) 提升自己的办事能力

大学是一个由学校向社会过渡的桥梁，大学生应当明白科学知识的学习固然重要，但并非占据绝对地位，大学中有着各种各样丰富多彩的社团活动，参与其中可以直接或间接地参与一些事情的组织工作，对有效提高个人的办事能力极为关键。大学生在参与各种事情办理的过程中，可以积累办理事情的顺序，解决问题的方法及应对事情的正确态度，对见识、思考力、胆量、经验、办事能力及判断力的增长和提升也极为有益。

(2) 扩展知识面

大学期间不仅要积极参与各种课外实践活动，还需要课内外相结合。在知识上不局限于课堂内的所学，应做到博览群书，多方面涉猎，以便触类旁通、游刃有余，以免得参加工作后受困于知识的浅薄和缺乏。

(3) 交友谨慎

中国有句古话讲：“近朱者赤，近墨者黑。”无数的经验事实也证明大学的黄金时期，结交怎样的朋友非常重要，好的朋友不仅可以对自身经验与知识的增长有益，还可以改善个人的德行。机敏、正直和乐业的朋友是一笔无形资产，将会在共同的生活和学习中给予有益影响。

(三) 职业信条

1.责任心

古人云：“一息尚存，此志不容稍懈”“鞠躬尽瘁，死而后已”。无论什么职业，责任心、责任意识是做好工作的内在动力。

2.敬业

庄子说：“用志不分，乃凝于神。”通俗地说，敬业就是把自己从事的职业加以研究，勤勉从事的意思。职业无贵贱，从事一份工作就要有一种“职业神圣”的观念。一个人对自己的职业不尊敬，就是对这一职业的亵渎，这不仅得不到好的结果，还会给社会和个人带来双重损失。所以大学生在走向工作或继续深造之际，要拥有“敬业”的观念，不管是做事还是为学都要有慎心，不见异思迁，不怕劳，不虎头蛇尾。

3.进取心

一个人事业的发展离不开进取心，进取心会让一个人在工作上精益求精封。在刚开始工作时，大学生应当把提高自己的工作能力、积累丰富的工作经验作为目标，为今后扩大自己的事业空间打好基础，不能自命不凡，不屑小就或计较薪金薄厚。而要热爱自己的职业，不断研究和深入思考怎样改进自己的工作，常保进取的决心。古人说：“少壮不努力，老大徒伤悲。”进取心是成业和成己的要素。

4.乐业

常言道：“干一行，爱一行。”只有乐业，人才在工作时才不会感到枯燥，才会得到精神享受。孔子曰：“知之者不如好知者，好知者不如乐知者。”生活的意义和价值，有很大一部分来自于职业的趣味。不同的人对职业有着不同的态度，有的冷淡，有的热情。冷淡者从中得到的多是烦恼甚至伤痛，而热情者多把职业当成了永久的伴侣。所以，乐业对人的一生极其重要。

5.团结力

对任何一个团体，成员间的包容和支持，都会使其保持活力和生机。一个融洽的工作环境，可以极大地激发成员的工作热情，提高工作效率及使工作中创意不断。成员间应当做到对不同于自己的意见给予充分的尊重。

6.职业平等

职业无贵贱，“七十二行，各有差别”“三百六十行，行行出状元”，我们要有“职业平等”的意识，不论从事什么行业，做哪方面的具体工作，都是社会成员，都是在用自己的聪明才智为他人服务、为社会服务，必须摒弃职业贵贱的观念。“天下兴亡，匹夫有责”，大学生要成为国家的有用之才，就应当全身心地、无私地将自己的聪明才智贡献给祖国。

四、大学生就业竞争力的提升

大学生要明白社会与学校的区别，在学校学历和成绩排在第一位，在社会上能力排在第一位。所以,应该多了解自己的优势,从自身优势出发踏踏实实地做事。现在,很多大学生有着较强的学习能力,却没有很好的与人交往的心态和能力，甚至有时还吃不下苦。

(一)加强学生的社会实践

1.周密安排大学生社会实践活动

本、专科学生和研究生在校期间指定参加一次社会实践活动，活动所在单位要鉴定大学生的活动情况。学校要根据大学生不同年级、专业、具体情况和思想政治教育的重点，对大学生的社会实践活动像组织课堂教学一样进行周密安排和精心设计，由高校的相关组织部门根据计划负责具体组织实施，统一协调、安排好活动的时间、地点和具体内容。可以在活动之后以班级或团支部为单位进行交流与总结，在对社会服务的新形式、新领域的不断拓展中激发大学生参与社会服务的热情，培养大学生的服务意识和劳动观念。

2.调动大学生开展社会调查的积极性

为了进一步加深大学生对社会的了解，帮助他们正确认识一些社会现象和社会问题，并以科学的方法对问题进行分析和解决，进而增强社会责任感，高校要选派责任心强、政治素质高的教师，指导大学生围绕经济社会发展的重要问题或热点问题深入开展社会调查。大学生在社会调查的选题、途径、方法、过程上应得到相应的指导和管理，每年要深入农村和城市社区开展一次社会调查，并写出一篇较高质量的社会调查报告。

（二）改变就业观念

1.积极乐观态度

面对找工作越来越难的现实，应当提倡当代大学生拥有全新的就业价值观，鼓励其自主创业。

2.理性的自我评价

大学生应当通过反复准确的比较，对自身的潜在能力做出正确的判断，对自我的发展方向有一个明确清晰的把握，冲破就业心理误区，对自我做到正确的认识和评价。

⑴ 自我反省

当代大学生除了对就业环境进行客观分析外，对自我的正确认识和评价也极其重要，应当清楚地了解自己的性格气质及优势和不足、爱好特点、发展方向等。

⑵ 进行适当的社会比较

在认识自己方面，大学生可以通过将自己与社会上其他人做比较来实现，而不是孤立地认识自己；通过社会上其他人对自己的态度来认识自己；通过分析自己参加社会活动的结果来评价和认识自己；通过自己的行为结果来认识自己，即在客观上寻找评价的参照尺度来认识自己。

（三）调整好就业心态

1.大学生要树立正确的学习观

第一，从某种角度来讲，就业就是实力的较量，大学生应当明白要想在将来的就业中有较强的竞争力，就应当不断增强自身各方面的实力，多学习，多参与各种实践活动。

第二，建立合理的知识结构，培养广泛的兴趣爱好，发展自己的一技之长；重视掌握良好的学习方法，自觉培养自身的人文精神。

第三，对知识、能力、素质的关系能够有一个正确认识，并能够正确处理。大胆投身社会实践，不断拓宽自身的知识面，将自己培养成为基础扎实、素质高的专门人才。

2.大学生要树立正确的就业观

第一，在校期间，大学生就应当树立科学的职业理想，不过高也不过低，应具有多次就业、逐步到位的职业发展意识，大胆竞争，珍惜机会。

第二，在就业单位的选择上，其实没有好与坏之分，应当明白适合自己的就是最好的。要将个人发展空间和锻炼机会考虑在内，少考虑单位的名字、地理位置等易变因素。

第三，就业心态应当积极健康，克服自卑心理、浮躁心理、依赖心理、恐慌心理等。

3.大学生要树立正确的成才观

第一，就业是大学生从潜人才、准人才到实人才的过渡。大学生要正确处理理想与现实、环境与成才的关系，从社会需要和发挥自身才能两方面来考虑自己的就业选择。

第二，思想道德素质、文化素质、业务素质、身体素质是人才素质的四个方面。大学生在刻苦钻研专业知识的同时，还应注意修身养性，培养自己坚强的意志、高尚的情趣以及良好的习惯。

第三，衡量一个人是否成才的最终标准在于，看他是否为社会做贡献和贡献的多少。大学生应当志存高远，追求卓越，从基层做起，从小事做起，在奉献中实现人生价值。

（四）突出自我的核心竞争力

1.提高自己的综合素质

大学毕业生拥有高超的专业技能固然重要，但大学毕业生的就业能力是大学生多种素质和能力的综合表现，大学生专业素质和人文素质两方面是必须兼顾的，因为两者是相辅相成的。而目前真正做到全面发展的大学生并不是很多，好多大学生在某一方面比较突出，可是在其他方面就相对落后。如文科学校的学生缺乏钻研精神，而理工科学校的学生又欠缺人文情怀与素质。

在心理素质方面，我们应该从小就培养学生健全的人格和良好的心理素质，使他们能够面对挫折失败的打击，具有较强的意志力和坚韧不拔的精神，对事情有积极乐观的态度，能够不断地发现自己心理上存在的问题。

大学生受到了多年的教育，在道德品质素质方面，从整体上来讲还是比较高的。但是近些年来，西方的消极思想对大学生树立正确的人生观、价值观带来了巨大的冲击，享乐主义、拜金主义、利己主义、个人主义盛行，这导致有些大学生在这股思想的冲击下迷失自我，陷入腐化堕落的泥沼，有的甚至走上了犯罪的道路。因此，应该加强马克思主义世界观、人生观的教育，帮助他们分清崇高与卑下，逐步提升人格，促进素质的全面发展。

2.培养自己的专业技能

培养具有实践能力和创新精神的高级专门人才，是我国高等教育的任务。其中专业素质的培养尤为重要，是大学生的立身之本。所以，高校首先要抓好专业素质教育，要提高对市场信息的灵敏度，要与社会需求接轨，通过市场需求带动人才培养，适时调整高等教育调控机制。具体来说，可以从以下几方面入手。

⑴ 抓好全校学生的职业技能训练

大学院校应每年组织一届全校学生职业技能大赛，并重视省市级各类职业技能比赛，认真组织参加，以赛促学、促训、促练，并对成绩优秀的进行相应的表彰和奖励。

⑵ 建立教学体系

大学应着力建设以职业能力培养为核心的教学体系，在专业教学上要加强针对性和实用性，加强实践教学环节，突出技能训练。

⑶ 加强指导和检查

为切实保证各项实践性教学环节的实施，学校应加强对实践性教学环节的指导和检查。

第二章　就业流程与技巧

通过本章的学习，应该让大学生充分了解在就业过程中应该具备的素质和观念以及就业的准备与流程、应聘的技巧、就业的权益保护等内容。为大学生的就业提供良好的理论指导和实践导向。

第一节　就业必备素质与观念

一、就业成功的必备素质

（一）就业成功的要素

1.明确目标

作为一名大学生应该尽早的明确人生目标，进而细化目标、确定努力方向，充分利用整个大学时光进行知识、能力的准备。

2.制订周密的计划

确定了理想的目标之后，围绕应预备的知识、能力等方面，就要着手制订计划。计划是成功的基石，周密的计划，是成功的重要组成部分。

3.积极付诸行动

确定了理想，制订计划，就要付诸行动，直到理想实现。如果仅仅有理想和计划，不行动，成功也像是空中楼阁。只有积极地展开行动，才有可能达到成功的最终目的。

4.抱有坚定的信念

信念是人类的一种情感、情绪。信念支持着人的行动，给予人们面对困难的勇气。当一个人相信自己的能力，依靠个人的信念，就可能努力地工作。没有取得胜利的信心，害怕困难，遇到困难的时候产生一些比较抵触的情绪，这种心理是很难取得成功的。只有具备必胜的信念，刚毅的性格，并且加以刻苦的学习与钻研之后，才能够克服障碍，取得预期的目标。

（二）就业成功应具备的能力和知识

1.具备相应的能力

（1）具有不畏艰辛的毅力和冒险精神

任何困难都不能将我们打倒，要以百倍的勇气和耐心顽强地继续下去，并积极改善条件，直到获得成功为止。

（2）具有工作激情

员工想要做出成绩，成为优秀的员工，必须热爱自己的工作。但凡事业成功的人，一个共同的特点就是，他们无一例外地热爱自己的工作，这些人正享受着一生中前所未有的快乐。

（3）具有勤劳、勇敢和终身学习的能力

如果人总是想着不劳而获，始终是无法获得成功的，无论你身处何职，都要发扬不怕苦、不怕累的优良作风，做一个有责任心的人，凡事要尽力而为，所以无论你是在宿舍值日，还是组织系部活动，都要消除有人盯着才肯做、或者盯着别人做不做的被动心态，这些有百害而无一利。

（4）具有主动承担责任的能力

在应聘的时候，考官可能会问到，将来在工作中遇到的问题，你将如何去处理它。其实这是考查应聘者有没有主动承担责任的能力。主动接受任务，并积极付出实际行动的员工，谁也不可能将其拒之门外。在高校有很多参与挑战的机会，大家要勇于尝试、积极准备，无论是一次课堂讨论发言还是活动筹备。

（5）具有按需工作、坦然面对失败的能力

同学们在就业之前，其实并不知道自己将来要做什么，甚至连将来的工作环境也都还没有见过。就业成功，首先必须要得到这个位置，将来才可能有施展才华的空间。

所以对于工作的选择，不要为了显示自己的专业而过分强求某种职位。目标职位的实现往往需要一个过程，目标是总工，往往要从技工开始，甚至会有打扫卫生等杂活的安排，不要有挫败感，从基层做起、扎实锻炼这也是企业培养人才、选拔人才的过程。

⑹ 具有解决日常问题的能力

一个优秀的大学生应该具备超越如嫉妒、悔恨、自我怜悯、忧虑和玩世不恭等情感的能力；直面生活，并具有解决日常问题的能力，不自我欺骗和过于理想化自己；为维护尊严和正直的品格，你可以在无足轻重的事上让步，但是在重要的原则问题上要具有誓死决战的精神。

⑺ 具有良好的应变能力

创业者的素质，是其自身所具备的基本条件和内在要素的总和。况且每一位招聘者都希望自己招聘的员工将来出类拔萃。所以，应聘者要具有很强的应变能力，要有敏锐的洞察力，以变应变。

⑻ 具有无私奉献精神和团队意识

应聘者应表现出无私精神和很强的团队意识，有勇于参加有益的事业的能力和完整的人格，真诚地去欣赏、肯定他人，愿意帮助他人成功。

在大学生活中，班级是一个很好的团队环境，很多同学以个人喜好决定参与班级活动与否，很是自由、散漫，我们应以集体为重，懂得让步、懂得欣赏，有意识的培养团队意识。

⑼ 具有领导能力

虽然在应聘过程中，强调要从一线做起，要从基层做起。但是我们谁都懂得，自古以来就是“不想当元帅的士兵就不是好士兵”。一个有前途的员工，必须要具备能当领导的才能，将来才有可能在各自不同的岗位上出类拔萃，有所建树和不可替代。

很多同学从小就是组长、班长，到了大学也有很多同学争相竞聘班长、学生会主席等学生干部职位，但我们千万不要以为在班长、学生会主席的职位上，挂个牌牌，就具备了相应的领导能力。

有相当一部分班长就是给辅导员跑跑腿，起传话筒作用，领导说啥我就传达，这只是个办事员的水平。班长一定要把班级事务分解，调动班委其他人员积极性，把军训、卫生、科技活动、班会等寻常事务做得有声有色，并积极从同学需要出发，组织活动，为同学和老师服务过程中，锻炼自身的组织能力、协调能力，培养领袖精神和领导能力。

2.具备相应的知识

（1）掌握信息知识和信息处理技术

随着社会的不断发展和演进，人们都会受到信息给我们带来的影响，信息化的不断推进时刻影响着人们的生产生活，从某种程度上来讲也对我们的择业观与择业手段产生了较大的影响。

（2）过硬的专业知识与技术

当学生进入毕业季的时候，经常会因为没有工作经验而被用人单位过滤掉，但是有些企业中并没有明确提出关于工作经验的问题，这就需要刚毕业的学生进行慎重思考了，在学校应该重点掌握一些专业知识和相关的技术，以便走向工作岗位的时候，不至于太束手无策。

（三）就业成功应具备的心理素质

1.客观地自我认识

一个正确的人生目标、一个到位的职业规划会让人明白自己想做什么，目前我要得到这个职位，去慢慢地开创自己的事业，给自己这个平台和机会才是最重要的。清楚了自己的最终方向，才会珍惜这个面试的机会，认真对待，正视自己，全力以赴。

2.时间观念

在某种意义上来说，不准时就是迟到，浪费时间就是浪费自己的金钱、前程甚至是生命。与此同时，准时也是一种良好的习惯。时间观念会要求我们按计划办事，应该做什么，不应该做什么它都会帮我们管理好，准时是要求我们按时开始，按时结束。

3.有远见，脚踏实地

选择职业时要有前瞻思想。有些职业目前看可能较好，但从长远看，其实未必具有发展潜力。所以，大学生找工作时应该具有前瞻思想，对职业及就职单位的发展前景有准确的认识，而不是仅仅盯着目前单位的规模、效益，要把目光放远、放长，拓宽思路，避免因此产生心理问题。

另外，成功就业还要有一种脚踏实地、从小事做起的心理准备。大学生在找工作时这种心理准备是要有的，从小事做起，避免好高骛远，使自己的求职愿望与社会需求及时对接，从根本上消除产生心理问题的诱因。

4.建立自信

自信，是相信自己一定能得到的一种信念。在择业的过程中难免会遇到这样或那样的苦恼、挫折、压力，甚至失败，这就要求求职者必须具备承受挫折、迎接挑战的心理素质，而这些素质的培养与增强自信心是分不开的。

建立自信的方法有四种：

①不断地获得成功。为什么成功能增加信心?因为我们第一次成功，可能是运气比较好；第二次我们也可以谦虚地说还是运气；到了第三次我们就可以完全自信地说，这是属于我的实力。

②不断地想象成功。

③“移植”成功。把自己在一个领域里取得的成功经历“移植”到需要增强自信心的新领域中来。

④“暗示”成功。每天运用语言对自己进行自我暗示，自我肯定。你可以每天大声对自己说：“我是最棒的！我相信我能够成功，我一定要成功！”

5.具备良好的心态

态度决定一切。良好的态度是取得就业成功的一个必要条件。一个人只有心态正确了才有可能把事情做好，有谁能指望每天怨天尤人的员工做出多大的成绩来呢?所以我们要保持良好的态度，用极大的工作热情去打动别人，感动自己，用饱满的激情去回答面试中可能遇到的各种问题，不要抱怨，要不断重复小的成功，到最后你就会收获成功就业。

二、就业观念

（一）就业观概论

就业观，是人们对于劳动就业和再就业的认识和看法。随着社会经济的不断发展，人们的就业观和择业观都发生了很大的转变，由于社会产业结构的调整以及公司制度的变化，人们的价值观也产生了一些变化。

在市场经济条件下，当代大学生的择业观发生了深刻的变化，主要原因有以下几个方面：

1.改革开放和社会主义市场经济的确立

在计划经济体制下，大学生的就业模式是国家统包统分，他们愿意也只能服从国家的分配。随着改革开放的不断发展以及人民生活水平的不断提高，我们国家的劳动人事制度也发生了很大的改变，随之而来的就是大学生就业方面的变动，已经由之前的工作分配制度逐渐转变成为政府指导，大学生自主就业的模式。

2.社会责任感对大学生择业观的变迁起着支配作用

当代大学生都应该清醒地认识到自己在成长道路上得到了党的关怀和培养，国家和人民都对自身的培养起到了很大的帮助作用，我们在学有所成的时候也应该对社会有所贡献，在接受高等教育的时候，我们也应该心中时刻想象着建设祖国的义务。这种社会责任感全面制约着大学生的择业观和价值取向。

3.人才市场的生成加速了大学生择业观的变迁

社会择业的主体可以全面通过人才市场来发挥出自己的能力和特长，用人单位也需要通过一定的渠道来选拔出适合企业自身发展的人才，正是这种全新的商业模式对大学生的择业观造成了一定的冲击。

4.社会经济的发展对大学生择业观的变迁起着导向作用

由于第一产业与第二产业逐渐呈现出下降的趋势，而第三产业逐渐呈现出增长的趋势，从业人员的分布与结构等都会发生很大的变化，很多工人都从第一产业向第二产业转移，也就形成了劳动力的流动。

社会经济的发展促使很多岗位向综合方向发展，加快了劳动力的全面流动，大学生的就业观念受到了前所未有的冲击。

（二）大学生就业观念的特点

1.择业目标设置过高

在择业目标方面，很多大学生都会存在一些不切实际的想法，在今后的工作中希望能够得到较高的薪水，并且还希望能够获得一个比较高的地位，受到单位同事的尊重，对于一些薪水比较低、地位比较低的职位，则表示没有兴趣。

在就业的地区方面，很多学生会选择一些大中型城市，比如北京、上海、广州、深圳等地，这些地区的经济发展程度会比较高，同时薪金待遇上也会比其他城市有优势，在大城市中，他们往往能够获得更多的发展机会。

2.择业思想更加实际

在进行择业的时候，大学生们不仅能够充分发挥出自己的才能，并且还需要在经济上获得比较高的收入，同时还兼顾了国家和社会的需要。这种双向选择的模式基本也会得到大家的认同。传统意义上的“包分配”很大程度地限制了大学生们就业自主权，在分配制的工作下，学生们的个人才能并不一定能够得到充分体现，所以，很大一部分的大学生都希望能够通过双向选择来确定自己未来的职位。

3.自我突破

在进行择业的时候，大学生主要的择业动机是要能够表现出个人的才能，然后才是经济利益的考量，从长远的角度出发，在一个工作岗位上只有体现出自己的价值，才能够得到领导的认可，至于经济上的因素，一旦能力所及，薪水自然也会有所提高。

4.择业的多向性与不稳定性

从现阶段来看，大学生的就业观和择业观是非常明确和正确的，但是也不排除一些外界因素的干扰，部分大学生出现了择业上的多向性与不稳定性。

（三）树立正确的择业观

正确的择业观对于大学生来讲是十分重要的，只有拥有了正确的择业观，在今后的工作中才能够更好地发挥自己的能力。如果在择业观念上期待值过高或者过低都会对大学生今后的工作造成一定的影响。正确的择业观大致可分为六类（图 2–1）。

正确的择业观

- 在社会主义市场经济体制下,大学生的就业实行在国家政策指导下自主择业的方式,高校毕业生就业制度改革的一个重要的特点,就是把社会主义市场经济的重要思想——竞争引入到大学生的就业之中,建立起公平的人才竞争环境
- 要打破一步到位、从一而终的就业观。市场经济配置人力资源的特征是人才流动，毕业生也不必急于在短时间内找一个固定的"铁饭碗",要树立不断进取的职业流动观念,并学会在流动中发现机会、抓住机会、把握机会
- 对于即将踏入社会的大学生来说,树立敬业精神是准备进入社会的思想成熟的标志之一,大学生是否具有敬业精神关系到其今后的职业生涯能否顺利、能否成才、事业能否发展的一系列问题。在新形式下,具有敬业精神已成为社会对高校毕业生综合素质的新要求
- 在大城市、主要机关提供的就业机会日趋减少的情况下，农村和基层的广阔天地为大学毕业生施展才华、实现理想创造了条件。当代大学生应积极响应国家和社会的召唤,到基层去,到西部去,到生产第一线去,到祖国和人民最需要的地方去,接受锻炼,接受挑战
- 毕业生在择业时首先要考虑所学的专业,根据专业特点谋求职业，以做到专业特点与职业要求相匹配,发挥专业优势;同时也要考虑综合素质和能力,一味强调专业对口,会使毕业生在激烈的竞争中失去很多机会
- 大学生高尚的职业理想应当是把个人的志向和国家利益、社会需求有机地结合起来,勇敢地走出个人的小天地。如果仅仅从个人的角度考虑问题,就非常容易走进死胡同。随着高等教育的大众化、普及化,接受过高等教育的大学生已是社会的普通劳动者

图 2-1　正确择业观导向

第二节　就业准备与流程

一、准备求职材料

（一）求职信

1.求职信的书写

⑴ 称谓

要根据求职信的阅读对象来决定称谓。如果已经掌握招聘单位的联系信息，可直接写出负责人的职位、职称。对方的头衔和单位名称一定要写准确，不能出现错误，否则给人的第一印象就非常差了。称呼之后用冒号，要先写上问候语，才开始进入正文。

⑵ 开头

求职信是有目的的、针对不同招聘单位的一种书面自我介绍。求职信的开头应开门见山，自报家门，直截了当地说明求职的意图，求职信开头表达力求简洁，并能吸引人读下去；切忌空话套话，让对方产生厌恶情绪。

⑶ 主体

主体是求职信的重点，书写形式可以多样，但主要内容一般包括个人基本情况，个人所具备的条件，如社会实践情况、何种奖励、参加各种竞赛情况以及担任社会职务等。正文部分可写的内容比较多，最好突出说明你适合这个职位的优势，写明你对招聘单位的理解程度、你应聘这个岗位和能胜任岗位的各种能力。

求职用语要得当，态度要诚恳，信要有说服力，并能吸引对方的注意力，以证明你有资格胜任该工作。

(4) 结尾

结尾主要是继续强调求职的意愿，希望招聘单位提供机会，或希望接受单位进一步考察，如面谈等。无论怎样表述，都要注意用语恰当、得体，掌握分寸，以免造成不好的印象。总之，求职信的结尾应写好结束语，不要虎头蛇尾。

(5) 致敬

通常在结束语后面还应写一些简短的表示敬意、祝愿之类的祝颂语，另起一行。

(6) 落款包括署名和日期

署名部分应注意与自荐书开头的“称呼"相一致，应写在结尾祝颂语的下一行的右后方，直接署上自己的姓名即可。在署名的右下方写明日期，格式最好是阿拉伯数字。

2.求职信的作用

一封好的求职信，应该能够让招聘单位充分地了解求职者的优点，并且感觉求职者非常适合其所求工作岗位。在成百上千的求职信中，如果你的求职信与众不同且能脱颖而出，就能给自己争取难得的面试机会。因此求职信的内容与质量相当重要。

(二) 个人简历

1.书写简历应注意的问题

(1) 简练

招聘者几乎每天都会经手大量的求职简历，在初选时通常只是粗略的浏览一遍，一般一分钟内就过一份简历，如果写得很长，阅读者缺乏耐心，难免漏看部分内容，这对求职者是很不利的。

(2) 内容真实

招聘单位对求职者最基本的要求就是诚实。要使招聘者首先对你产生信任感，就要诚实地记录和描述。所以，个人简历最基本、最主要的要求就是真实。

(3) 突出重点

重点突出才会给人留下深刻的印象。优势部分是整份简历最能表现个性的地方，也就是点睛之处。在写这部分时应不落俗套，还应当有理有据，才能说服负责招聘的人。

(4) 自己动手，切勿过度包装

自己的情况自己才是最了解的，所以最好自己动手写个人简历。写个人简历不需要妙笔生花，尽量真实地展现自己的情况即可。

(5) 个人简历要有自己的特色

招聘单位在招聘期间，通常都会收到大量简历。如何让负责招聘的人注意到你的简历，对你的简历留下深刻印象，并决定给你一个面试的机会。这就需要我们在简历中突出自己的特色。

(6) 最后测试

简历写完以后，再检测一下你的个人简历是否写清了你的主要工作能力，它是否清楚并能够让招聘者尽快知道你的能力，尽快完善你的个人简历直到最好。

2.简历的要求

①最好控制在一张 A4 纸内，版面清秀，纸张干净，无错别字。

②用词妥当，言语诚恳，自信而不自大，自谦而不自卑。

③表达力求突出个性、避免平庸。

④由于是目录形式，必须简洁有力。

⑤突出自己的特点、专业特长。

二、就业信息的获取

(一) 就业信息整理的原则

对就业信息进行整理的时候，我们应该注意遵循以下几点原则(图 2-2)

就业信息整理的原则

对信息搜集者来说，首先必须制订信息搜集计划，明确信息搜集的目的,只有明确了目的,就业信息搜集才有方向,才能发挥信息搜集的主动性;其次分清所需就业信息的内容范畴,要做到有的放矢;最后选择信息搜集的方法和渠道。

随着人才市场的发展,就业信息日益丰富,如果在信息搜集中不注意适用性,那么就可能在众多的就业信息中把握不住方向,从而捕捉不到真实的、有价值的信息,这就要求就业指导部门在搜集就业信息时,必须充分结合本校特色。

时效性是信息本身的重要特性之一,指在规定的时间内有效。而就业信息的时效性则更强,即在就业信息发布的有效期限内，如果招聘单位完成了招聘计划,已经与求职者签订协议,那么就业信息自然就失效了。

就业信息的搜集要求具有系统性、连续性。因为许多就业信息的获得并不是空想,许多时候得到的信息是零碎的,就业指导部门要善于将各种相关的信息积累起来,然后经过加工、提炼,形成一种能客观、系统地反映当前就业市场、就业政策、就业动向的就业信息,从而为毕业生择业提供更可靠的依据。

准确性要求信息所反映的情况必须真实、可信。就业信息是否准确,是择业人员做出决断的关键环节。信息不准,会给择业工作带来决策上的失误。

图 2-2　就业信息整理的原则

(二)就业信息的收集

在进行就业信息收集的时候，我们应该注意以下问题(图 2-3)。

就业信息的收集

对校友是一个重要的就业信息源,建立与历届毕业生的这种信息联系应成为各高校在毕业生就业方面的一项长期工作。因为校友提供的就业信息具有很强的针对性、实用性和可行性,有重要价值。

作为一种全新的就业信息来源,网络以简便、快捷显示出其独有的优越性。教育部、各行业、各省市、地区毕业生就业信息网已相继开通,为毕业生就业工作提供了极大的方便。

有很多毕业生四处参加双选会议，直接在会场上获取就业信息,或直接到招聘单位自荐,这是一种直接面对单位搜集就业信息的方法,一般来说要付出很多的时间、精力和较重的经济负担,不便普遍采用;但一旦有机会,则有很高的签约率。

毕业生就业的市场化程度越来越高,就业信息的发布和使用也越来越具有商业色彩,很多招聘单位利用广播、电视、报纸等时效性较高的媒体发布就业信息。

社会共建单位是就业信息来源的重要渠道之一，相对于其他渠道来说更稳定、更直接。一方面可以根据社会共建单位的业务拓展、发展方向直接反映出对毕业生的需求;另一方面也可以通过共建协议为其直接培养毕业生。这样不仅可以使学生在毕业之后直接进入工作角色，也有利于招聘单位的人力资源积累,从而促进与共建单位的良性发展,为高校提供稳定的就业信息源。

国家教育部有全国高校毕业生就业指导中心,各省市区也都有毕业生就业指导服务机构,负责汇集国家政府机关、企事业单位的就业需求信息并集中向高校、社会公布。

图 2-3　就业信息的收集

三、就业的流程

(一)就业管理部门的一般工作程序

就业管理部门的一般工作程序详细来讲还是比较简洁明了的,具体如图 2-4 所示。

就业管理部门的一般管理程序

- 教育部对年度国民经济发展和国家重点建设情况开展调查研究,制定相应的政策,从而确定年度的就业工作指导意见。各省、自治区、直辖市、政府主管部门按照有关文件精神制定出本地区、本部门所属高校毕业生就业工作的具体意见,各高等学校根据国家就业方针政策和规定以及学校主管部门文件要求,结合本校毕业生实际情况,制定本校毕业生就业工作细则。
- 毕业生资源统计工作一般在每年的 9 月份开始进行。资源统计是一项十分重要和严肃的事,既不能有丝毫差错又不能弄虚作假,凡是属于国家正式派遣的毕业生都必须是招生时列入国家计划内招收的学生。各高校负责本校毕业生的资格审查工作,及时向主管部门和地方调配部门报送毕业生资源情况。
- 各高校对应届毕业生进行就业指导,目的是帮助毕业生根据自身特点和社会职业需求,选择最能发挥自己才能的职业,全面、迅速、有效地与工作岗位结合,实现自己的人生价值和社会价值。现在有很多学校将就业指导提前到大二开始,形式多样,如开设选修课、讲座、个别指导等。
- 供需见面和双向选择活动是毕业生落实就业单位的重要方式。经供需见面和双向选择后,毕业生、招聘单位应签订毕业生就业协议书,作为毕业生就业的依据。
- 每年 5~6 月份,高校应做出毕业生鉴定,审查就业协议书是否合法有效,手续是否齐全。毕业生就业主管部门凭学校、毕业生和招聘单位三方签订的就业协议书签发全国普通高等学校本专科毕业生就业报到证
- 学校派遣毕业生的时间一般在每年的 6 月份,派遣毕业生统一使用全国普通高等学校本专科毕业生就业报到证,公安部门凭报到证办理户口迁移手续。毕业生持报到证和户口迁移证到工作单位报到,招聘单位凭报到证予以办理接收手续和户口关系。毕业生报到后,招聘单位应根据工作需要和毕业生所学专业及时安排工作岗位和岗前培训等。

图 2-4　就业管理部门的一般管理程序

（二）大学毕业生就业的程序

在求职择业过程中，毕业生需要了解就业工作的所有程序，以便最终达到顺利就业的目的。高校毕业生自身的择业程序大致包括以下几个主要步骤。

1.了解就业政策

高校就业毕业生在选择自己未来职业的时候，对于就业政策的了解是非常重要的，就业政策在一定程度上能够为毕业生提供良好的指导作用，如果就业生在选择就业的时候，没有及时了解最近的就业政策，那么，很可能就会从事一些与自己职业规划相反或者是相互违背的工作。

目前教育部的就业政策和各地区、各部门的相应政策及高校的毕业生工作细则大致为：政府调控、市场导向、招聘单位与学生双向选择、学校推荐的就业机制。鼓励高校毕业生到基层支教、支农、扶贫；到西部地区工作；鼓励毕业生到非公有制单位就业；鼓励和支持高校毕业生自主创业；鼓励人才合理流动，取消城市增容费、出省费、出系统费和其他不合法、不合理的收费，简化落户手续。

2.分析形势，准确定位

高校毕业生在求职择业前，一定要分析当年的就业形势，根据所学专业就业情况及供需分析所在院校的影响、声誉、地位；学历层次的就业需求；特别是根据自身素质，对自己作一个正确的评估，心中明确差距所在。同时还必须考虑党和人民的需要及学有所用。

做好充分的心理准备，保持积极、主动的择业心态，这是确保求职成功的一项基础工作。在择业取向上，要遵循有利于顺利就业，有利于发展成才，有利于发挥素质优势的原则。

3.搜集处理就业信息

毕业生在进行职业选择的时候，最终职业的确定不仅与社会的政治、经济等因素有很大的关系，并且就业信息的能否有效利用也与求职择业有很直接的作用。

就业信息的选择是毕业生进行择业的基础条件，在众多的就业信息中筛选出有价值的就业信息，那么，在就业的时候就掌握了一定的主动权。所以，从这个维度上来讲，大学生需要掌握比较全面的就业信息，并且要对信息进行谨慎分析、认真思考、筛选整理。

4.自荐应聘

高校毕业生在掌握有效需求信息的同时，要做好自荐材料并做好应聘准备。主要有两种应聘方式。

①毕业生在学校和各级地方就业指导管理部门举办的毕业生就业市场应聘。

②毕业生本人去招聘单位面谈、应试。

5.签约

当学生与用人单位在工作上达成一致之后，双方需要进行的下一项工作就是签约，签约的内容是由教育部统一制定的协议书，协议书上会明确规定学校、毕业生以及用人单位三者之间的责任、权利以及义务。

6.离校与报到就业

毕业生在离开母校奔赴工作岗位之际，既有对学校、老师和同学的依依惜别之情，又怀有对未来生活的美好憧憬，还可能有对未来生活有几分不安，有一种相当复杂的心境。

毕业生办完离校手续后，就持报到证和户口迁移证在规定期限内 (一般为 1 个月) 到招聘单位或就业部门报到，同时，学校在此时间范围内将毕业生档案转递到招聘单位。

毕业生报到后，其工资和福利待遇按国家有关规定执行，工龄从报到之日起算。自报到证签发之日起，无正当理由，超过 3 个月不去指定单位报到的，国家不再负责其就业。

第三节　就业应聘技巧

一、自荐技巧

(一) 自荐的方式

自荐有间接自荐和直接自荐两种。间接自荐是指借助中间方推荐自己，即只需要将自己的条件和想法告诉招聘方，或形成材料送到招聘方手中，推荐过程中不用亲自出马。直接自荐是指直接由本人向招聘方做自我推销、自我评价和自我介绍。自荐的方式主要包括下面几种。

1.上门自荐

即带上自荐材料亲自到用人单位推荐自己。其优点是直接面对用人单位，便于展示自己的风度和才华。此种自荐方式被新闻、外贸、外事、旅游、教育等部门所青睐。

2.电话自荐

电话自荐就是直接打电话向用人单位推荐自己。由于大学生的个性与胆识越来越成熟，有些大学生用这种方式推荐自己。由于双方直接交流，这种方式的就业的效率往往很高。

3.书面自荐

书面自荐就是通过邮寄或呈送自荐材料的形式推销自己。这种形式能扩大自荐范围，又不受时空限制，特别适用于写一手漂亮字、有较好文笔和学习成绩优秀的毕业生。

4.参加人才招聘会自荐

毕业生带上简历到人才招聘会上推荐自己。企业参加招聘会的目的就是招人，所以参加招聘会的就业效果是马上显现的。

5.他人推荐

他人推荐就是请同学、父母、老师或亲友推荐而达到推荐就业的目的。一些老师因具有较高的学术声望或较广泛的社会关系，他们的推荐容易引起用人单位的信任和重视。

6.网络推荐

网络推荐是近几年新出现的一种自荐方式，它是借助互联网进行自荐。这种自荐方式覆盖面广、时效性好，现在由于网络发达、覆盖面广，网络推荐已经发展为比较成熟的自荐方式。

7.学校推荐

学校推荐是一种间接的自荐方式。学校推荐的好处是，一方面对毕业生的情况比较了解，对用人单位来说具有较大的权威性和可靠性，用人单位更容易认可。另一方面对用人单位的情况比较了解，可以给毕业生提供更多有用的信息。

8.实习自荐

实习自荐就是通过各种社会实践、实习推荐自己，也就是先“相亲”，后“过门”。

9.广告自荐

广告自荐就是借助新闻传播媒介进行自荐的形式。这种形式时效性强、覆盖面广。

（二）自荐的技巧

对大学毕业生来说，求职既是一种人生的自我选择和自我“推销”，也是对个人能力及素质的考验，灵活掌握自我介绍的一些基本技巧，有助于顺利打开求职的大门。

自我推荐的技巧有很多种形式，我们要学会灵活掌握自荐的技巧，这对于打开求职的大门有非常重大的意义（图 2–5）。

自荐的技巧

在竞争激烈的今天，包装不仅限于保护功效，更主要的在于它能弥补个人不足，提高个人价值，发挥“促销”作用。

自我推荐，应注重对方的需要和感受，并根据他们的需要和感受说服对方，被对方接受。比如，自己所告诉的正好是对方所要的，自己所问的正好是对方要告诉的。要做到这点，首先要事先有所准备，想一想一般用人单位需要什么，他们会提出什么问题，对什么最感兴趣；其次，临场要“察言观色”，把握对方心理，随机应变。

自荐只是手段而不是目的，通过自荐让对方认可、接受、肯定自己的人格、知识、技能和理想，从而获得成功的机会。

人的情绪有振奋、平静和低潮三种表现。实践证明，无论是谁心情紧张时，说话总是节奏过快，使听者很费力，容易厌烦。因此，在推荐自己的过程中，要善于控制情绪，说话节奏适中，可以表露出自己的才华、学识、能力和社会阅历，增加对方对自己的了解。

诚恳、谦虚、有礼貌是为人处世的基本要素，是赢得用人单位好感的应有态度，礼多人不怪，这一点在大学生应聘时尤为重要。自荐过程中，首先应当礼貌地称呼对方；或按照社会习惯称其职务，或沿用学校习惯称其老师。交谈结束时，应当使用辞行时的礼貌用语。

在招聘会上，求职人员很多，难以与用人单位的招聘人员交谈，则可先把自荐材料提供给用人单位，从而为自己争取到面试的机会。自荐材料最好亲自呈递，这样做会加深用人单位对你的印象。呈递材料时，还要多准备几份，这样既表示你对每个人的尊重，又无疑为他们在共同商议是否录用你时提供方便。如果无法亲自呈递，或想"广种薄收"，就采取邮寄的方式。

图 2-5 自荐的技巧

二、网上求职的技巧

（一）积累网站

政府的人事部门一般都会在网上进行招聘，毕业生在进行求职的时候一般也会通过网络来进行选择和甄别，在进行选择的时候不要太在意网站的收费与否，其实，有收费的项目反而更好，然后毕业生把相应的网站收藏起来，方便下次查询。

（二）明确目标

盲目是网上求职最忌讳的错误。首先要明确自己的求职目标 (最好写在纸上，如业务员、教师、记者等)。同时还要求明确求职区域。

（三）关心政策

不同地区之间的相关就业政策是不同的，我们在进行就业选择的时候应该适当关心一下当地的政策，为今后的就业、择业奠定良好的基础。

（四）留意首页

网站一般都会在自己的首页上最醒目的位置放上最新的消息，很多求职者往往会忽略这一点，在最新消息里面往往也包含一些最新的政策和招聘信息，同时网站首页上的结构与相关索引也包含重要信息，在时间允许的条件下，最好逐个进行浏览，不要错过任何有价值的信息。

（五）择时而动

上网的高峰期一般是集中在中午或者是下午五点之后，在这段时间内是上班族和学生休息的时间段，网速会变得相对慢一些，在填写表格或者是简历的时候容易出现网络上的错误，所以，应该避开这些时间段进行填写或者报名。

（六）随时下载

部分的招聘网页所包含的招聘内容比较多，招聘岗位与招聘条件只是简单罗列，毕业生们害怕遗漏当中任何的有效信息，最好的办法就是选择下载网页。把相关的求职网页固定与某个特定的文件夹中，等下载离线之后再细细研究。

（七）及时联系

一个企业岗位的空缺一般都是暂时的，一旦发现某个岗位有空缺，应该及时联系，以免被人捷足先登，并且还要及时采取正确的措施和手段进行联系。

（八）订阅邮件

部分的网站还有订阅邮件的信息，求职者可以足不出户在家随时掌握最新的消息。目前，越来越多的网站都已经开通了这个业务，假如网站上有这个业务，千万不要错过。

（九）整理信息

需要把相关的信息保存下来，及时进行整理。在进行信息整合的时候，我们可以采用笔记本记录的方式也可以用其他方式进行记录，把一些相关的信息或者是网站摘录起来，方便以后的随时查询。

（十）建立个人主页

为了更好地展示自己的特长或者更好地让用人单位全面了解你，最好应该建立一个个人主页，在个人的主页中详细地阐述自己的特长和相关信息，让人看起来更加地一目了然。

三、电话求职的技巧

①电话接通后先报上自己的姓名，告知自己的目的，请他们帮忙转接相关部门。待接通相关人员后，同样再报出自己的姓名和来电目的。打电话时最好拿着笔记，将要交流的内容罗列清楚，使思路清晰。同时还要将对方交代的注意事项、要求记录下来。

②在电话中尽可能回答所有的问题。现在愈来愈多的用人单位除了接受电子邮件简历外，对于求职者提出的疑问也会很乐意解答。

③要以富有激情、积极向上的心态通电话。招聘单位在询问后一般会要求求职者发送简历，也有用人单位直接在电话中询问他们想知道的问题，然后再决定是否需要进行面谈。一旦被问到工作经验、应聘动机等问题，如果没有准备则回答不顺畅，影响招聘单位对求职者的评价。所以通话之前应该做好充分的准备。

④在招聘广告中，大多会列出需要具备的专业技术、经验需求甚至年龄限制，不过这并非是绝对的限制，和公司要求的条件不完全吻合，也还是有被聘用的机会的。

四、笔试技巧

（一）笔试的种类

1.命题写作

这种考试目的在于考察求职者应用信函、常用公文等文字写作能力以及逻辑思维的能力和分析问题的能力。

2.心理测试

心理测试是主试者使用事先编制好的调查问卷或标准化量表要求应试者完成，根据应试者完成的数量和质量来判定其个性差异或心理水平的方法。

3.能力测试

能力测试主要考核的是理论知识与实践相结合的能力，发现问题、分析问题、解决问题等方面的能力，以及求职者的价值观、人生观等。

4.专业考试

这种考试主要是为了检验求职者的文化知识水平能力。各门功课都取得了不错成绩的求职者，通常都可免于笔试，只需要成绩单就可大致了解其知识能力等基本情况。

（二）笔试的准备

1.了解笔试目的，运用综合能力答题

招聘单位对毕业生进行笔试，不仅要考查专业和文化知识，往往还包括考核思维方法、修养水平、工作态度、办事效率、心理素质等。

2.了解笔试内容，做到有的放矢

不同的笔试类型，有不同的考试内容，毕业生应针对不同情况做相应的准备，在考前应做到详细了解。

3.身心准备

要保持良好的身心状态，适当减轻思想负担、释放压力，压力过大往往影响真实水平的发挥。

（三）笔试的技巧

1.临场准备

提前熟悉考场环境，有利于消除应试时的紧张心理。此外，还要了解考场注意事项，切勿遗漏重大事项。除携带必备的证件外，还应准备铅笔、橡皮等必备的文具。

2.增强信心

缺乏信心就会导致笔试怯场。要真实地对自己进行正确评估，增强信心，克服自卑心理。临考前，一要适当进行一些运动、娱乐，从而使高度紧张的大脑得到放松休息，以充沛的精力去参加考试，二要保证充足的睡眠，从各方面减轻心理负担，保持良好的心态。

3.复习知识

笔试准备的重要方式是对大学专业知识进行必要复习。一般说来笔试都有大体的范围，复习巩固所学过的课程内容，做到心中有底。

五、面试的技巧

（一）面试的种类

面试的种类就目前而言，包括随机面试、个体面试和集体面试。

①随机面试。即采用非正规的、随意性的面试方式，这样可以考核求职者的真实情况。

②个体面试。即用人单位对求职者单独进行面试。

③集体面试。即很多求职者在一起的面试。就招聘者来讲，这样可以

在专业、地域及其他各方面都有较大的选择余地。

（二）面试的技巧

1.确认提问内容，切忌答非所问

面试中，如果没有确切理解主考官提出的问题，请教对方以确认内容，对不太明确的问题，一定要搞清楚，不至于答非所问。

2.有个人见解，有个人特色

主考官接待的求职者往往比较多，对每个求职问的问题都大致相同。如果求职者的回答都大致相同，很难得到主考官的注意。这时候有个人特色的回答和具体独到的个人见解就显得非常突出，这必然会引起对方更大的兴趣和注意。

3.讲清原委，避免抽象

主考官提问总是想了解求职者的具体情况，所以针对所提问题的不同，作细节回答。一般不宜做“是”或“否”等间断的回答就结束。不讲原委、过于抽象的回答，通常不会给主考官留下具体的印象。

4.认真聆听，流利回答

主考官向你介绍情况时，对其问题要逐一回答，发音准确，口齿清晰，语言文雅大方。答话要简练、完整，尽量不要用口头语、方言、土语和简称，以免对方听不懂。对方在谈话时可以在适当的时候点头或适当提问、答话。

5.把握重点，简捷明了，条理清楚，有理有据

通常情况下回答问题要结论在先，议论在后。议论时要抓住要点，切记过于长篇大论，这往往让人不得要领。由于面试时间有限，多余的话太多反倒会将主题冲淡或漏掉。

6.语气平和，语调恰当，音量适中

面试时要注意语气、语调和语言的正确运用。自我介绍时，最好多用平缓的陈述语气，音量的大小要根据面试现场情况而定。打招呼问候时宜用上语调，加强语气并带拖音，以引起对方注意。以每个主考官都能听清你的讲话为宜。

7.坦诚相待，不吹嘘

面试遇到自己不会、不懂、不知的问题时，不懂装懂、牵强附会、回

避闪烁的做法不可取。诚恳坦率地承认自己的不足之处，比不懂装懂更受欢迎。

8.注意听者的反应，及时调整

交谈中，应随时注意听者的反应。比如：摆头、皱眉可能表示你的语言有不当之处；侧耳倾听，可能说明由于你的音量过小使对方难于听清；听者心不在焉，可能表示他对你的这段话没有兴趣，你得设法转移话题，根据对方的这些反应，就要适时地调整你的修辞、语气、语调、语言、音量，以及讲述的话题等，这样才能取得良好的面试效果。

（三）面试的礼仪

1.流利的表达

语言能力是主考官评估你的一个重要指标。所以，表达一定要逻辑清晰，表述流畅，不要给人留下紧张不安、犹豫不决，甚至迟钝的印象。别人会把你当作小孩，对你工作的能力的信心也会降低。

2.穿着得体

在求职时，不可穿拖鞋和过于随便的衣着，以免给招聘人员留下太随便的印象。女生的一般以淡雅自然为好，不宜浓妆艳抹。着装打扮以正装为好，给人以干练、专业、成熟的感觉。

另外，双手指甲要干净，口中不可有异味，如需使用香水，应避免过于浓烈。

3.面带微笑，保持自信

每个人都乐于与和气、快乐的人一起共事，脸上带着愉快轻松的微笑会使你处处受欢迎。应聘时求职者应该表现出热情，但也不宜表现过头，给人以做作的感觉。以最佳的方式开始你的面试，说几句话打破沉默，例如赞美招聘单位的工作环境、办公室陈列等。

4.礼貌谦虚

面试时应对语言和遣词用字有所选择。有不少不谙世面的求职者参加面试时张口闭口“你们的公司”，这样的话听多了难免引起反感。应该注意使用基本的敬词。

5.握手有感染力

你若是与对方握手时用力过大或是时间过长都是不妥的。同你的主考官握手，要保证你的整个手臂是呈 90 度，有力地摇两下，然后把手自然放下。

（四）面试结束后的注意事项

1.回顾总结

面试结束后，求职者还应做到下面三点：

①尽量把你参加面试的所有细节记下。一定要记下面试时与你交谈的人的名字和职位。

②面试一结束，应该对自己在面试时遇到的难题进行回顾。

③万一通知你落选了，你也应该虚心地向招聘者请教你有哪些欠缺，以便今后改进。

2.致谢

①在面试后的一两天内，你可以给招聘负责人发个信息，感谢他为你所花费的精力和时间。

②如果在一个星期内，或者依据他们作决策所需的一段合理时间之内没有得到任何音信，你可以给负责人打个电话，问他“是否已经做出决定了”。

③如果在打听情况时察觉出自己有希望中选，但最后决定尚未做出，那你过段时间后再打一次电话催问。

④每次打电话后，你还应该给对方发一封邮件，简短地说明你即使没有成功但也很高兴有面试机会。这样做可能使接见者在其公司出现另一职位空缺时首先想到你，创造出一个潜在的求职机会。

第四节　就业权益保护

毕业生在就业、求职中面临诸多权益保护问题。下面我们将着重介绍毕业生在求职过程中、实习期间、签订就业协议书和劳动合同以及发生劳动争议过程中的就业权益保护问题。

一、求职过程中的权益保护

目前，大学生就业市场仍存在着各类就业陷阱，为维护大学生求职的合法权益，大学生们应努力增强自身素质，掌握识别求职陷阱的知识，加强自身防范意识。

（一）谨防以招聘之名行推销之实

有些企业招聘时许以优厚的待遇，当求职者上门应聘时，他们却以种种理由提出要对求职者进行考察，就是公司先与求职者签订一份产品推广协议或产品促销协议，并收取一定的保证金或样品费。

（二）谨防以招聘之名获取求职者信息

一些不法分子往往利用求职者急于找到工作的心理，要求求职者提供自己的身份证号码或复印件，从而进行非法活动。求职过程中，应尽量避免向只有一知半解的招聘单位透露任何有关自己的隐私信息，以免自己的个人利益受到侵害。

（三）谨防以招聘之名非法敛财

有些单位在招聘时常常不查看任何学历证明、求职材料，甚至不安排任何面试，而只是要求求职者支付诸如培训费、注册费、推荐费、资料费、登记费、报名费、信息费等名目繁多的费用。这是“黑心”单位最常用的欺骗手段。

二、实习期间的权益保护

现在越来越多的大学生到用人单位实习，并把实习视为就业热身和择业的捷径。我国目前的大学生实习制度并不健全和完善，因此，实习期间要特别注意对自身权益的维护。

（一）实习生与实习单位的关系

实习生并非严格意义上进入社会的完整的劳动者，往往还只是在校学生。通常实习单位和实习生之间没有签订正式劳动合同。如果双方发生纠纷，通常不能通过劳动监察来维护各自的权益，只能寻求民事诉讼的途径予以解决或比照《劳动法》的有关规定处理。

（二）实习过程中意外伤害的处理

由于没有形成劳动关系，实习生在实习过程中遭遇意外伤害，按规定不能定性为工伤，只属于普通的民事纠纷。

在协商不成的情况下，实习生可请求按民事伤害赔偿的有关规定和标准进行索赔，或依据《民事诉讼法》向法院起诉。大学生在外实习应选择合适的工种和工作内容，千万要注意安全生产与操作。

（三）实习期间的报酬

用人单位往往提供无报酬或低报酬的实习工作；甚至还有很多单位要求实习生交实习费用。有效的实习机会，是弥补工作经验不足等应聘条件差距的最佳途径，因此实习生应把重点放在工作经验的获取上，不应太过于计较实习的报酬。

三、签订就业协议书的权益保护

就业协议书是明确毕业生、用人单位和学校三者之间权利和义务的书面表现形式。当毕业生与用人单位经过双向选择达成初步意愿之后，双方则开始进入就业的实质性操作阶段——订立就业协议。

（一）签订就业协议书的维权要点

毕业生就业过程中，就业协议的某些条款与毕业生就业权益密切相关。毕业生在约定这些条款时要尤为慎重。

1.空白条款

常见的空白条款有违约金额、月薪金额、试用期限等，与毕业生自身利益紧密关联。就业过程中，如果已签订的就业协议书中存在空白条款，毕业生要及时对空白条款的内容签订补充协议或采取补救措施，以免发生纠纷时无据可依。

2.补充协议

就业协议书允许附加补充协议。毕业生和用人单位可以就协议书中不够具体或未曾涉及的内容签订补充协议。补充协议中常见的内容主要有免责条款，如约定毕业生考上公务员或研究生则就业协议自动失效，不用承担违约责任等条款。

（二）违约责任与后果

就业协议书一经当事人各方签字盖章后即具有法律效力，如果一方擅自解除协议，应承担违约责任。

目前，签订就业协议书后单方违约的现象日益严重，毁约率持续攀升。在用人单位方面，有的单位与毕业生签约后，由于某些主观或不可预见的客观因素而导致单方面终止协议，影响了毕业生的及时就业和重新择业；还有些不法单位存心违约，达到其廉价使用劳动力的目的后，又想方设法地逃避违约责任。遇到这些违约情况，毕业生要学会保护自己，通过各种合法途径来维护自己的就业权益。

用人单位如果频频违约，势必在社会、高校和毕业生中造成极为恶劣的影响，不仅会受到舆论的谴责和法律行政方面的处罚，更将难以得到后继人才推动本单位的进一步发展。

毕业生的违约现象其后果会更为严重，就业诚信度必会受到质疑。有的毕业生上午刚签订就业协议书，下午就要求毁约。虽然在某种程度上，违约是毕业生的一种权利，有时候违约也是毕业生迫不得已的选择，但违约行为不仅会浪费毕业生本人的人力、财力和时间，往往还会造成其他不良的后果。因此，毕业生应遵循诚信的原则，慎重签约，严格履约。

（三）就业协议争议及其解决办法

1.用人单位引起就业协议争议的主要表现

①用人单位拒绝接收毕业生。用人单位因自身情况发生变化，在毫无事实根据和法律依据的条件下拒不接收毕业生，从而导致就业协议争议。

②用人单位招聘工作人员介绍企业情况时片面、失实，实际使用毕业生时与协议中约定不一致，从而引起就业协议争议。

③用人单位在签订就业协议书后，又单方面提出附加协议，因条件苛刻，毕业生不能接受而引起就业协议争议。

④用人单位由于违反行政管理机关的有关法规、规章，侵害毕业生合法权益而导致就业协议争议。如用人单位擅自收取押金、扣押毕业证书等相关

证件。

2.毕业生引起就业协议争议的主要表现

①毕业生同时与多家用人单位签订就业协议书，从而引起就业协议争议。

②毕业生签订就业协议后，又联系了自认为更理想的用人单位，想与原签约单位撕毁协议，从而引发就业协议争议。

③毕业生编造事实，蒙骗用人单位与其签约引发就业协议争议。

3.就业协议争议的解决办法

目前关于就业协议争议的解决，法律上没有明确的规定，但在实践中解决就业协议争议的主要办法有：

①毕业生与用人单位协商解决。

②由学校或当地省级主管毕业生就业工作的部门出面进行调解，使得双发能达成新的意向。

③当协商调解不能解决纠纷时，当事人可以向人民法院起诉，由人民法院依法裁决。

第三章　大学生创新能力培养

创新不仅包括事物发展的过程，更包括发展的结果。对大学生而言，既要培养创新意识，形成创新思维，具备创新精神，又要加强外在技能训练，培养创新性技能。

在当代社会，创新技能主要包括信息加工能力、一般工作能力、动手操作能力以及熟练掌握和运用创新技法的能力、创新成果表达能力等。

在创新教育中，创新技能的培养是核心内容。当前，我国高校的创新教育已经十分重视学生的理论知识培养，但却忽视了学生动手操作的实践技能训练，从而造成能力缺失、创新性人才匮乏的状况。

第一节　大学生创新能力的开发

一、信息获取及处理能力

这种能力主要是指根据自身学习、工作和生活的需要，有目的地发现、收集信息的能力。当今社会，充斥着大量的信息，大学生要学会对这些信息进行分析和评价，并进一步对信息进行综合分析，再用口头或文字的形式表达出来。

因此，要想具备这种能力，大学生必须掌握筛选、评判、归纳、整理有用信息的能力。而这一点，除了要熟练应用课本所学的知识，与正确的道德观、伦理观相连外，还应对信息的收集、整理、发布、运用进行适时的评价。

（一）获取信息

在当今信息时代，获取信息的能力是创新的基础。因此，大学生要充分认识到信息获取的重要性，为适应信息社会的发展，产生强烈的搜索欲望和动机，善于捕捉现代科技的最新发展动向，形成较强的信息获取能力。

1.来源

一般而言，信息的来源主要可分为以下两个级别。

(1) 第一级：基本文件

这主要指的是书、杂志、专刊、报告等，它们其中含有原始信息，数量大、内容繁杂。

(2) 第二级：图书馆的图书日录和索引

对于这一级的内容，主要是指在第一级基础上所搜索到的信息，是“有关信息的信息”。这一级信息的来源，主要是为寻找某一个专门问题而做的搜索。可以说，它为基本信息的搜索提供了方便。

2.对于目前大学生获取信息的方法，主要由以下几种。

①上网查询：这是最便捷的方式。

②定期到图书馆查阅，向图书管理员请教。

③确定兴趣范围内的中心期刊，定期翻阅。

④选定其他有关杂志，经常浏览。

⑤阅读专刊、调查报告、专业刊物、论文、文件、内部通报等。

⑥关心视听、网络信息。

⑦随时了解动态，注意感兴趣的专业活动发展情况。

⑧向信息服务中心预订信息。

⑨重视交际信息，注意信息收集，多向学者、专家请教。

3.意义

在现今社会，无论哪个专业的学生，在接受知识方面，如果不能充分开通各种信息流、有效利用各种信息来源，那么，在未来的社会竞争中，就很难有所创造。因此，我国高校在对大学生进行创新创业教育时，一定要将科学技术知识和其他领域做密切结合，从而使得大学生掌握的知识丰富而广泛。

（二）处理信息

信息处理能力不仅指对信息加工的能力，更是指在信息的收集、加工和应用过程中，能够对信息做有效的判断、演算、推理和选择。信息处理能力是人的意识活动能力，是可以通过学习而提高的。

由于收集来的信息是原始的、分散的、表象的，绝大多数是不能直接使用的，因此，大学生要学会信息加工的技术方法，从而将信息进行加工处理。总体来说，信息处理就是需要我们去芜存菁、去伪存真地分析信息资料，透过表象看本质。

具体来说，信息加工的方法主要包括以下几种。

第一、各种统计分析方法，如对比分析，因素分析，综合指数分析，绝对数、相对数和平均数的动态分析，抽样推断分析，等等。

第二、各种信息预测方法，如专家预测，回归预测，趋势周期预测，相关预测，指数平滑预测，历史类比预测，等等。

第三、归纳推理、汇集、剔除、阐述等逻辑方法和具体加工技巧。

以研究性学习方式为例，大学生要在教师指导下，从学习生活和社会生活中选择和确定研究专题，主动地获取知识、应用知识，并以此解决实际问题。

在研究性学习中，充分体现了收集信息、分析信息、整理信息及应用信息的全过程，这种学习方式是进行实战训练的好方法。研究性学习能够发挥大学生学习的积极性、培养创造力。

二、知识整合能力

（一）整合

世界上的任何事物都有其存在的价值，把零散的东西彼此衔接，通过某种方式，有机地结合在一起，就是整合。

对于整合而言，它们的价值使本来无意义的事物变得有意义起来，整合实现信息系统的资源共享，其主要的精髓在于将零散的要素组合在一起，协同工作，把这些单一看来无意义或意义不大的事物合并，最终获得超值的效果，形成效率的整体。

（二）知识整合

知识整合能力是一种获取并应用个别知识的能力，这种能力是一种转化与重新组合知识的能力。

在科学领域，分化和整合是科学发展中两种相辅相成的趋势。分化指在原有的基本学科中细分出一门或几门相对独立的学科；整合指相邻甚至相距很远的学科之间交叉、渗透、融合而形成边缘性、综合性学科。

（三）分类

1.学科内融合

在大学学习阶段，每个专业都开设了相应的专业课程，以此来培养学生的专业技能。因此，大学生要充分利用这个条件，在理解掌握本专业所学各门课程及各知识点的基础上，发现其中的联系，从整体上加以把握。

只有这样，才能培养深厚的专业能力。比如会计学专业，既要学习财务方面的知识，也要学习管理学、经济学等知识，并且要把这些知识融会贯通。

2.跨学科整合

在现今的高等院校教育教学中，传播科学知识采取的都是分学科教学，因此，如果知识的传播者和接受者，还都只是停留在相对独立的某一学科内去认识科学知识，那么必然会存在着学科之间的相对割裂。

随着人类认识的不断提升，在教育领域更是不断提出了跨学科的知识整合要求，这种知识整合的能力更有利于创新。如在各大高校举办的大学生挑战杯创业计划大赛等，就体现了跨学科的知识整合，通过对学科知识进行优化整合，最终产生优秀的创业计划书。

3.理论与实践结合

大学生不仅要重视在课堂上学到的专业理论知识，更要重视实践，使得理论与实践相结合，并应用于实践，从而发现问题，产生创新性想法和成果。

因此，大学生就要充分利用课余时间，积极参加校内外的社会实践，关注身边生活中的细节，开展调查研究，这样才能有助于自身知识结构的整合和能力的不断提升。

（四）培养

要想有效的进行知识整合，可以从以下几个方面着手进行这一能力的培养。

1.构建知识结构网络，掌握结构化知识

在教学过程中，大学生获取的往往是分散的、缺乏联系的、无序的知识，因此，教师的教和学生的学，都应掌握结构化的知识，分析和搞清各知识点间的内在联系，只有这样，才能提高科学文化素质，培养大学生的技能。

在学习中，重要的前提是，在新知识的学习中，掌握了知识的基本结构，连接知识链条，从结构上把握并解决知识，总结概括整个内容，将知识重新编码、排序，从而帮助记忆和理解，使之由点到线、由线到面、由面到网，由无序到系统。

2.针对训练，提高综合分析能力

在教学过程中，训练是深化理解、巩固新知、培养能力的过程。在教学过程中，大学生往往层次不同，教师对于基础知识、基本概念要由点到面、由简单到复杂循序渐近地进行训练。不仅如此，由于学生理解问题和解决问题的能力也有较大差异。因此，对于训练题的设计也有针对性的要求。

首先要思维容量大、思维过程强，从而做到针对性强、全面性强。其次要体现知识的发生、发展、迁移的过程，对于新旧知识易混淆点采用对比练，同时，还要注意训练的方式，做到求同存异。

此外，要从实效出发精心安排，多样活泼，对于知识与能力的结合，对于重点、难点知识，要采用反复练、典型练，从而做到触类旁通。不要拘泥于寻找问题答案。

通常来讲，训练一般可分为以下四个环节

①精选实例示范。

②学生讨论释疑。

③教师提示点拨。

④师生梳理归纳。

这四个环节是顺承的关系，在实际的学习过程中，通过这四个方面的训练，不仅可以使大学生巩固知识，同时还培养了学生的创新能力。

3.开展创新实践，提升知识整合能力

实践是提升知识整合能力的平台，更是检验知识整合能力的舞台。近年来，在我国高校的大学生创业教育中，已经逐渐开始重视学生的创新实践能力，注重培养学生的主动创新意识。

通过各大高校的教育实践，我们能够总结出，当前促使广大学生参与的创新实践活动主要有以下几种。

(1) 学科类竞赛

这一类活动主要是指数学建模大赛等活动比赛，它能够帮助学生巩固提升本专业、本学科知识。

⑵ 科技类竞赛

这一类活动有很多，各个高校也非常支持，学校出场地、指导教师，有的还提供经费、奖金、学分置换等服务，是学生进行实践锻炼的一个优秀平台，在这样的活动中，学生组队参加，能够对各学科知识进行整合，创作优秀作品。主要有：挑战杯竞赛、大学生智能车竞赛、机电产品创新设计竞赛、数学建模竞赛、大学生电子设计竞赛、大学生物联网竞赛等等，几乎覆盖了所有学科。

⑶ 社会实践研究类活动

这一类活动如网上创新应用大赛、“三下乡”社会服务等，培养学生将应用能力和运用所学知识解决实际问题的能力。

三、组织管理能力

（一）认识

大多数学生都认为，自己学的是很热门的专业，对于组织管理能力的重要性并不能充分的理解和认识，还有不少的学生认为，把本专业学好了，到社会上能学以致用，找到一份合适的工作就行了。因此，很多在校的大学生，对于有没有良好的组织管理能力，并不在乎。

显然，这是错误的，现今的在校大学生，等到走上工作岗位才发现，根本没有办法融入工作团队中去，虽然具有很好的专业知识，但就是协调不好和同事之间的关系，他们很强的科研开发的能力，却没有良好的组织管理能力，因此，就更需要不断地进行学习和锻炼。

因此，对于大学生而言，处理不好和上司、下属之间的关系，可以说，导致的结果就是被逐渐边缘化而被迫离开。因此，良好的组织管理能力是靠实践培养起来的一种能力，在校园里对这种动态的组织管理能力了解不多，学校更多的是学习书本上的理论知识，这种能力是无法从书本上学到的，因此，就该抓住每一个能够锻炼自己的机会，在实践当中去培养自己的组织管理能力。

（二）制约因素

1.教育内容陈旧、教学方法单一

目前，在我国当前的学校教学中，即使学到了一些组织管理学的知识，但由于缺少教师的指导和锻炼的机会，使得学生不能将组织管理能力应用于实践。

目前,大多数还缺少能力的培养,仍以知识的学习为主要内容,虽然各高校基本上都有组织管理学这门课程的设置,但重视程度明显是非常不够的。

2.实践范围过窄

目前,绝大多是学生的大部分活动是在本专业范围内展开,高校的专业设置,使得很多学生没有时间和条件去学习组织管理学的基本知识,这样会对培养专门人才发挥了一定作用,但是没有时间和机会,涉及组织管理的知识。因此,很多专业要加强在实践中培养组织管理的能力。

(三)培养

1.注重知识学习

对于高校教育教学来说,在组织管理学课程的学习中,教师可以通过分组讨论、分组辩论、头脑风暴等一些活动,采用一些活泼生动的教学形式,鼓励学生积极参与,主动思考,注重总结,这能够让学生的能力产生质的飞跃。

2.注重能力培养

高校教育教学要注意向别人学习,善于抓住和把握机会,大学里有各种各样的学生干部,在面对这些机会时,要在实践中培养学生的组织管理能力。大到学生会主席,小到宿舍舍长,众多的学生社团干部,一定要主动把握,敢于锻炼自己,应该看到,在校园里大学生经历的任何一个职位都可能使你的组织管理能力得到一定程度的学习和锻炼。

因此,对于大学生来说,培养组织管理能力是非常重要的,在实践过程中,自身素质的提高在组织管理能力的培养方面,显得尤为重要,要以积极的态度配合别人,要具备良好的个人修养和内涵,在日常生活中要注意并揣摩别人的长处,从而使得组织管理能力得到相应的提高。

因此,不仅要学好自然科学知识和社会科学知识,有机会时还要积极主动地倡议组织一些活动,培养积极心态,如一场球赛、一次郊游,或一场联谊活动等。

3.要有信仰有责任感。

对于大学生来说,要能正确对待名利,要正确对待风险、挫折和失败,提高组织管理能力。

四、实践操作能力

（一）构成要素

实践操作技能，也就是学以致用的能力，是指个体完成特定实践活动的水平和可能性，是个体合理运用自身已具备的知识、技能，有效解决实际问题的能力。

实践技能反映了个体主体性发展水平的综合性指标，由多种能力要素构成，依据各种能力因素在实践活动中的作用领域，我们可以将实践能力划分为四个基本构成要素。

①实践动机：学生的主观能动性。

②一般实践能力因素：学生的生理和心理基础。

③专项实践能力因素：学生的专业知识或专业技能。

④情境实践能力因素：学生根据外在环境的调适能力。

（二）培养途径

目前，社会和学校都已逐渐认识到，提高大学生实践操作技能对于提高教学质量、为社会输送合格人才的重要性，不仅如此，大学生本身也逐渐认识到提高理论联系实际的能力对提高就业竞争力的重要意义。

因此，社会、学校和学生都在积极努力的寻找提高能力的途径。具体来说，提高大学生实践操作技能的途径可以有以下几个方面的内容。

1.开展竞赛活动，提高实践创新能力

在大学学习期间，积极参加大学生科技创新竞赛活动，是提高学生能力的一个重要载体，它不仅能够培养学生的动手能力、自学能力、科学思维能力，而且还能够提高学生的综合素质、增强实践能力、培养创新精神和团队意识。

因此，各大高校要积极开展大学生科技文化竞赛活动，例如全国大学生数学建模竞赛、电子设计竞赛、力学竞赛等多种学科竞赛和课外科技文化活动。

对于大学生而言，通过竞赛这一平台，能够充分锻炼能力、展现才智。通过参加多层次、多学科、多种形式的竞赛，能够使学生在实践过程中，不断提高创新能力。

2.强化实践教学，提高创新能力

在实践教学中，强化实践教学是培养大学生创新意识与拓展知识的有效途径和重要平台，是理论与实践相结合的桥梁和纽带，更是提高大学生实践技能、创新能力的措施与保障。

因此，大学生在学习期间，一定要积极主动参加，努力在实践中感悟，提升自己的能力和综合素质。

3.加强校企合作，增加实践机会

目前，校企合作成为学校的共识，学生通过在企业身临其境的实习，能够了解现代企业管理模式、工作模式，在实际工作中提高动手实践能力。这样一种全新的“模拟工作”场景，使学生能更深刻体会到理论与实践相结合的重要性，进而提高专业学习兴趣，也为将来走入职场打下较好基础。

与此同时，企业出于对效益的考虑，更愿意录用那些有一定工作经验和经过相应技能培训的学生，以缩短学生在工作岗位上的磨合期。

正是基于这样的社会背景，社会上出现了一些专业技能培训机构。实践证明，学生在这些机构的培训更接近“实战”，更接近企业的需求，从而在就业竞争中能力有较大提高。

因此，选择合适的机构进行技能培训也就成为在校大学生提高动手实践操作技能的一个重要途径。

五、成果转化能力

21 世纪是知识经济的时代，在这样的时代，创新浪潮滚滚而来，创新与竞争已经成为时代的显著特征，并渗透到各个领域。

在知识经济时代，各个国家对人才的要求，不仅要有宽广的知识基础，还要有较强的创新能力。大学生作为国家人才精英的储备库，是国家未来的中流砥柱，他们的科研、创新能力对国家的整体实力产生重要的影响，大学生的科研能力培养正越来越受到人们的重视。

目前，我国对大学生的科研能力还没有得到足够的重视，只有少数几所大学对此有明确的规定，大部分高校对学生科研兴趣的培养还缺乏足够的重视和相应硬件的支持，这些将不利于大学生创新能力的培养。

因此，我国的高等教育应逐步加强对大学生科研能力的培养，因为这不仅是时代的新要求，同时也是一项具有深远意义的教育发展战略。

(一) 经验

通过借鉴国外高校学生的科技创新成果，我们能够看出，在开发与转化过程中，我国的高校和大学生，在理论学习和实践当中，可以借鉴的经验有如下内容。

1.重视学科建设和科学研究。

这一点对于学生的科技创新与成果开发具有十分重要的意义。

首先，根据自身的发展和需要，各大高校应该重视学科建设，将学科设置灵活，使学科设置具有很强的前瞻性、极好的成长性和与社会经济发展相符合的适应性，从而使学科建设充满活力。

此外，学科建设投资强度大，起点高。新建学科投资强度极大，包括房屋、先进的仪器设备、引进一流的人才，等等，让新学科在起步时就有了极好的条件基础，具备了一定的综合实力。

与此同时，人才的培养更是十分重要，重视人才，重视新型交叉学科，强调科学研究在人才培养和知识创新中的重要作用，引导学生举办科研开发竞赛，自己创办公司。对于高校的创业创新教育来说，学生是推动科学研究，科技成果转化的主要动力。

2.注重校企合作，增强成果的应用性与市场性

大学的科学研究活动，能迅速地将学生参与的科研成果转化并应用到工业界，为了使大学生更好地适应社会和企业发展的需要，在西方发达国家，也十分注重与企业的合作。

大学是基础性研究的重要基地，吸收本科生、硕士生、博士生参加研究工作，学生的科技成果能够迅速转化，因此，校企合作使学生参与制作的科技作品具有很强的市场针对性，能够把基础科学、交流知识作为重点，重视人才培养工作。

3.设置专门机构，加速成果转化

在大学里，为了能够有效的提高大学生的科技创新能力，采取的措施就是设立许多专门机构，致力于高校与企业之间的相互合作，在许多的国外高校，这些机构通常包括由：咨询公司、联络办事处等联络机构和大学专利公司、综合服务机构等。

可以说，这些机构可使学生的科技创作过程在人力、物力、财力方面拥有强大的支持后盾，保障了学生可以利用企业的仪器设备进行相关科研工作，加速成果转化。使得商品能够顺利的进入市场。

当然，在成果转化方面，只有科技成果是不够的，还需要了解大量有

关的法律、商务、市场等一系列问题，在转化过程中，把这些问题联系在一起，进行综合考虑，只有这样才能收到意想不到的效果。

通常来说，要想顺利的完成成果转化，就必须要制订一套完整严格的成果转化程序。只有这样，才能实现转化。

转化产品主要有两种形式：一是学校卖生产许可证；二是自行组织开设新公司，或与地方保持合作，联合创办新公司，共同推动成果向市场的转化。

（二）现状

第九届全国"挑战杯"课外学术科技作品竞赛中，能够看出，近年来，各高校都异常重视"挑战杯"课外学术科技作品竞赛，集中展示了大学生的科研能力水平。

目前，此赛事已经成为我国青年学生课外学术科技领域的最高赛事，共收到全国高校 1175 件作品，但水平层次差别很大，通过大赛，大学生亲自动脑动手，被誉为"课外学术科技的奥林匹克"。

虽然各高校都举办科技节、科技活动月、科技周等，但参与者所占比例不足 3 成，很多科技含量很低。

（三）原因

1.具有科学创新的意识，但不善于利用

当今的大学生普遍具有思考、创新的动机，也渴望进行研究，但由于学校的条件局限、师资科研指导力量有限、部分学生缺乏主动创设和利用学校资源的意识、缺乏向知识经验丰富的教师或同学请教的意识，因此这些学生往往不能把握本学科最新发展的动态，不能关注到相关学科的知识迁移。

2.具有科学创新的热情，但目标不明确

通过学习和教师的引导，大学生有科学研究的热情，但由于缺乏广泛的沟通和对社会的全面了解，导致他们研究目标不够明确。

3.具有创业灵感，但缺少创新技能

许多大学生经过长期的脑力劳动，在大脑皮层留下一些暂时神经联系，在特定因素的诱发和引导下，会产生灵感。但由于学生缺少科研的技能，很多灵感只能昙花一现。

4.思维敏捷，但缺少创新性思维

目前，大学生有一定的知识和经验积淀，想象力丰富，逻辑思维能力强，但由于知识应用能力弱，学科之间缺乏整合，如会计专业学生很难把心理学和会计学联系起来，学科的单一认识使他们的思维方式呈直线式特点，思考问题缺乏全面性和开创性。

（四）培养途径

科技成果的开发和转化是一个系统工程，成果的开发需要专业知识的累积、科研精神的培养，在成果转化方面，要具备法律、商务、市场等诸多专业知识。

1.夯实基础，深化学习

在教育期间，学校和教师要巩固学生对基础文化知识的掌握，拓宽学生的视野，扩展学科外的知识面；培养专业学习兴趣，加深专业知识的理解和掌握。

2.参加创新实践

因为成果开发只有在实践中才能产生，所以，大学生应该积极参加各类科研创新实践活动，在实践中巩固深化所学专业知识，产生创新灵感。

3.充分利用创新资源

在大学里，许多教师都有自己专业的研究领域和丰富的科研经验，因此，大学是智力、人才的聚集地。大学生应该积极与教师进行交流，寻求教师的指导和帮助，参与教师的科研项目，利用实验室等资源，提高成果开发能力。

4.借助平台进行成果转化

许多高校都建立了科技成果转化办公室或科技成果孵化基地，对学生的科研成果或创业项目予以扶持。大学生可以充分借助这一便利，处理在科技成果转化中遇到的有关法律和商务问题，能够寻找到适合的投资者和能干的生产管理者，使科技成果有效地转化。

第二节　创新思维的训练

人在生活中，做任何一件事时，总是存在“思”和“做”两个不同环节，也就是要经历“先想后做”的逻辑联系。

在激烈竞争的现代社会，从个人发展的角度来说，思路决定出路，要想成为创新型人才、产生创新性成果就必须具有创新思维。

一、特征

（一）求异性

在创新思维中，不论是思考问题的方式与方法，还是思维活动的过程与结果等方面，创新本质上应该说是一种积极的求异性，作为一种重要的思维形式，它体现出与其他常规思维活动形式所不同的独到的创新意义。

求异性指的是对司空见惯的现象和已有的权威性理论始终持一种怀疑的、分析的、批判的态度，与思维的创造性、灵感性、灵活性、多维性和综合性等特征密不可分。都表现为与传统思维活动存在着不同的新颖之处。

可以说，积极的求异思维，从不盲从和轻信，不仅要从不同的角度揭示客观事物的本质及内在联系，而且要在此基础上用新的方式来对待和思考问题，产生新颖的、具有一定社会价值的思维成果。通常来说，思维方式的求异性，主要有以下特征。

①选题的标新立异。

②方法的另辟蹊径。

③对异常的敏感性。

④思维的独立性。

正因为如此，有人把创新性思维称为求异思维。当然，这种求异是建立在实事求是的科学态度之上的，并不是单纯地为求异而求异。

（二）敏锐的观察力

观察力是人一生中获得知识的重要能力，对于大学生而言尤为重要。

可以说，观察是人一生积累知识的最重要的途径和方法，观察力的高低影响人一生积累知识的能力和学习的能力。

在心理学中，通常把观察定义为有目的、有计划、比较持久的知觉。正确理解知觉，可以看出，它是脑对直接作用于感觉器官的事物整体的反映。而观察力正是利用感官感知客观事物而获得认知的能力，是重要的智力因素之一。

一般来说，客观事物的特征，既包括明显的特征，也包括不明显的特征。观察力强的人，除了能观察到那些明显外露的特征之外，还能观察到那些在外部不表现或者表现不明显的特征。

一个人的观察能力的高低以及观察的效果，会受到诸多因素的影响，观察的目的性和计划性是其中最重要的因素。同时，智力因素、知识和经验的积累等因素也会影响到观察的效果。

1.目的性

这是指确定进行观察的指导因素，进行观察时要明白为什么要开展这个观察，这样观察才能围绕核心，层层展开，层层深入。

2.计划性

这是围绕观察目的而展开观察行为时的操作过程，计划是紧紧地围绕目的制订的。

3.智力因素

观察的主要影响因素，在于智力对观察的主导作用。观察是人进行的观察，所观察到的结果必须经过大脑的思考过程，与观察的目的进行过滤取舍，并做出判断。

作为大学生，我们有很多专业实验和研究都需要进行观察。有明确的观察目标，制订详细的观察计划，是我们进行成功观察的保证。

因此，在学习期间，大学生要提高自己的观察力水平，对有效地学习获得知识和今后事业的成功有很大的作用。培养敏锐的观察力可以从以下几点入手。

(1) 养成观察的兴趣和习惯

兴趣是最好的老师，做任何事情都是如此，个人对周围的环境关心注意，就会在日常的生活中细致地观察周围的点点滴滴，在周围事物的点点滴滴中扩大想象和思维的空间，进一步做出联想或者推论，久而久之，就养成了观察习惯和兴趣，积累观察经验。

(2) 探索事物本质特征

在观察过程中，要通过表面现象寻找本质特征，推测形成这种特征的原因，并验证自己判断是否科学正确，这是锻炼观察和判断综合能力的一种好方法。

(3) 观察要有条理，要有深度，多进行专业观察

这是大学学习的重要内容，也是提高个人观察力的重要途径。特别是对于观察的实验，必须认真对待。

(4) 观察要有分析和比较

要发现细微差别和共同特征，使观察有一定深度，以此来提高观察的敏

锐性、精确性、整体性、持久性。

对此，我们可以通过下面的案例来判断一个人的观察能力。

案例一：

与人第一次见面，你会选择如下哪一个?

A．只看他的眼睛，不多注意其他的。

B．注意到他脸上的个别部位。

C．悄悄地从头到脚打量他一番。

解释：

A．你能够观察到表象，但对背后的东西不关心。从某种意义上讲，这种大大咧咧反倒是能把自己解脱出来。

B．强观察力的人。能让你更准确地评价别人。但行事中，不要太拘泥于细节。

C．敏锐的观察能力。能精确发现背后的联系，有足够的自信，但这份自信有可能让你产生偏颇。

案例二：有错觉的图片

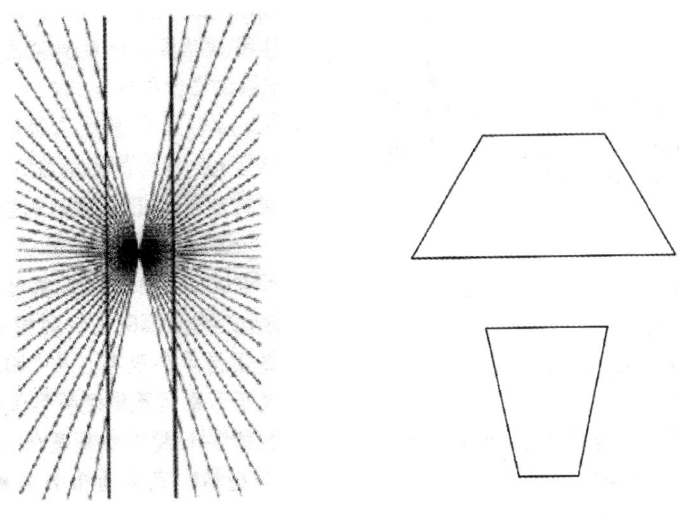

图 3-1 黑林图形

图 3-2 梯形图案

问题：黑线向外弯曲吗（图 3-1）？

解析：19 世纪德国心理学家艾沃德·黑林首先发现，黑线完全笔直平行。

问题：两个梯形中上面的哪条横线显得长一点（图 3-2）？

解析：上面的比下面的长一点，尽管完全相等。但小于 90°的角比大于 90°的角显得长一些。

图 3-3 螺旋图案

问题：这真是一个螺旋吗（图 3-3）？

解析：这是英国视觉科学家、艺术家尼古拉斯·韦德向我们展示的螺旋幻觉变体，实际上是一系列同心圆。

图 3-4 隐藏的拿破仑

问题：你能发现站立的拿破仑像吗（图 3-4）？

解析：拿破仑就藏在两树之间。两树的内侧树干勾勒出了站立的拿破仑像。

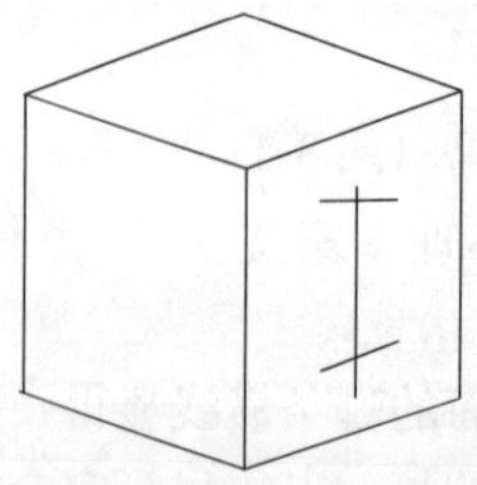

图 3-5 立方体图案

问题：哪条线与竖线垂直？哪条不垂直？把立方体的边线遮住，你将发现你的感知发生了什么变化（图 3-5）？

解析：盒子幻觉的感知，提供了一个背景。离开盒子你的视觉系统就必须使用其他背景。

图 3-6　背景图案

这幅图表明了节约时间的暗示，奇妙的图形 / 背景幻觉图形（图 3-6），由斯坦福心理学家罗杰·谢泼德创作而成。

由此可见，观察力是创新思维的重要因素，是学习能力的重要组成因子，提高观察力就能有效地提高学习能力和学习效果。因此，在大学阶段，要深入了解观察力及其影响因素，有针对性地进行自我观察能力的提高，以提高个人的学习能力和事业发展的潜力。

（三）丰富想象力

美国肯尼迪宇航中心的大门上，刻着一句话：“只要我们能梦想的，我们就能够实现。”由此可见，想象力（图 3-7）对于人类进步的重要性不言而喻。

图 3-7　想象力

想象力是否丰富在一定程度决定了一个人创新思维的高低，这种能力是当前创新型时代的要求，想象力是一种宝贵的品质，是发明、创造的源泉。

在当今社会，都说创业难，尤其是刚毕业的大学生。这里暂不论能力的大小和机会的多少，单说一个人要想成功，就必须首先具备敏锐的想象力。

(四) 完整独特的知识结构

1.核心层次性

这是指将那些对实现目标有决定意义的知识，一起放在起主导作用的核心位置，同时，让一切相关的知识在整个结构中占有相应的位置，由此构成合理的知识结构。

在具备专业特长的同时，多涉猎一些相关领域的知识，从而形成广博性和精深性相结合的知识结构。

2.整体相关性

在知识结构的搭建中，整体性是指整个系统的功能大于其各部分功能的总和；相关性则是指系统的不同部分应当是相互适应的。

对一个人来说，掌握了很多的知识并且能融会贯通，就不仅仅是具有这几种知识，而且还容易从这些知识之间产生新的知识。如果知识元素中有数量的优势，而没有相互的协调、配合，就很难产生知识的整体优势。

通常来说，在科学技术上有较大贡献的人，他们的知识结构大都带有综合化、整体相关的特征。

3.动态调整性

(1) 宝塔形

这种知识结构是由基础知识、专业基础知识、专业知识构成，它强调基础知识要雄厚，由下而上一层比一层狭窄，基础越宽厚，越有发展，即“塔尖”越高。

可以说，这种结构相对应的大学课程结构是：公共课程、基础课程、专业基础课程，专业技能课程。

(2) 工字形

这种知识结构是由基础知识、专业知识和跨学科的横向知识构成，除强调宽厚的基础之外，重视跨学科的横向知识。

这种知识结构与之相对应的大学课程结构是：公共基础课程、专业基础课程、专业课程、跨学科课程。

虽然每个专业开设的课程相同，同样的教师和学习环境，但大学生各有其个性特点，他们在性格、气质、爱好、特长等方面存在的差异，在学习上的努力程度和方式方法也各有不同，因此，会使得最终的知识结构各具特色。

（五）灵感和直觉

灵感是指人们在久思某个问题不得其解时，由于受到某种外来信息的刺激或诱导，忽然想出了解决问题的思维过程，因此，也称作顿悟。

在创新过程中，创造者对某一既定目标久攻不克之时，偶然受到某种启示而顿开茅塞，从而找到解开关键性问题的症结的新思路，使既定目标最终实现，这种思维就是灵感。

在我们的学习、生活以及科学研究中，激发灵感都起着极其重要的作用。历史上许多科学家取得创新成果并不一定是运用了逻辑思维的结果，而是得益于灵感。

著名物理学家爱因斯坦就曾指出，科学创造首先是灵感，而不是逻辑。一般来说，灵感具有以下五个典型特征。

①跳跃性。

②变通性。

③瞬时性。

④创新性。

⑤模糊性。

对大学生而言，在学习中如何激发自己的灵感，应该从以下几点入手进行培养。

①长期积淀的知识和创新思维能力。

②对一个问题进行的长时间集中思考。

③必要时刻，外部信息的刺激来激发灵感。

④学会在多元化的思路中迅速捕捉灵感。

⑤借助某些创新、创意启发，获取不期而至的灵气。

通过以上这五种方法，大学生便可以激发自己的灵感与直觉，最终形成创新思维。

二、方式

创新思维是任何一个正常人都具备的一种思维方式。创新不需要天才，创新只在于找出新的改进方法。任何事情的成功，都是因为能找出把事情做得更好的办法。创新性思维的重要诀窍就在于多角度、多侧面、多方向地看待和处理事物、问题。

因此，对大学生而言，树立创新思维的关键则在于善于运用各种不同的思维方式具体地进行创新性的思维。这体现在创新思维的四大方式。

（一）逆向思维

逆向思维是一种创造性思维，也叫反向思维。它强调要从事物的反面或对立面来思考问题。

逆向思维则需要突破这种习惯性思路或思维定式。当大家都朝着一个固定的思维方向思考问题时，一个人能够朝相反的方向进行思索，能够敢于“反其道而思之”，从而树立新思想，创立新形象，这样的思维方式就是逆向思维。

此外，在实际的创新过程中，对于某些问题，尤其是一些特殊问题，从结论往回推，倒过来思考，从求解回到已知条件，反过去想或许会使问题简单化，使解决它变得轻而易举，甚至因此而有所发现，创造出惊天动地的奇迹来。

（二）侧向思维

不论是在自然界，还是在人类社会中，事物都是十分复杂的，因此，人们在研究和解决问题时，由于种种原因，思维并不能一帆风顺地到达目标，因此，我们可以适度的采取“他山之石，可以攻玉”的思维方式，并通过这样的思维方式克服种种的障碍和挫折。

在创新过程中，当正面的道路走不通，或从正面突破难度很大，一时难以取得进展时，就有必要考虑采用侧向思维方法了。侧向思维往往通过换一种方式，绕过障碍达到解决问题的目的。

对于侧向思维而言，一般是沿着正向思维旁侧开拓出新思路解决问题的一种创造性思维，因此又叫作旁通思维，即在思维受阻不畅，或预定目的不能达到的情况下，人们采取避开正面，调换一个思考问题的角度，另选一个被人忽视的方向，从不使对方察觉的侧面迂回过去，从而解决问题，达到原定目标的一种思维方法。

在侧向思维的过程中，对问题的周围进行思索，利用局外信息，从其他领域的、离得较远的事物中得到启示而产生出新设想的思维方式，换句话说，也就是能够利用貌似无关的信息来发现解决问题途径的思维。

在日常生活中，经常会见到人们在思考问题时“左思右想”，说话时“旁敲侧击”。有人总是死抱正面进攻的方法一味蛮干，丝毫不能解决问题，而有人则采用迂回战术，从侧面去想，在最不打眼的地方，也就是次要的地方多做文章，把它挖掘出来，并把它的价值扩大。

这种从旁侧开拓出思路的思维方式就是侧向思维法。它要求思考者尽量利用其他领域的知识和资讯，从别人想不到的角度观察、分析，达到解决问题的目的。

通常来说，侧向思维具有如下特点。

①思路活泼多变。

②善于联想推导。

③能够随机应变。

在创新思想中，侧向思维具备以下四个基本特征。

1.启发性

侧向思维的注意力是分散的，可以接受多维信息流的启发、诱导，突破固定的思维模式，形成一种启发性思维。

2.跳跃性

思维过程中可以避开主导思想，向空间发展，寻求原本不会注意的其他思路，激发直觉、灵感、顿悟的产生，获得新的认识。

3.意外性

思维主体在实际过程中，旨在多方向探索可能的结果，即使求得的结果可行性只有十分之一，只要有一个是正确的，也是意外的收获。

4.探索性

侧向思维没有严格的逻辑规则，往往会寻求到表面看来没有希望，实质也许是最有价值的途径，因而具有相当程度的主观随意性，从而实现无希望之处的突破。

对于大学生的创新教育来说，可以运用以下典型的侧向思维方法进行有针对性的训练。

(1) 直接定向强方法

这种方法在改变思维方向的过程中，根据以往的知识和经验，判断出解决某一问题的方法所在的方向。

(2) 无定向探试弱方法

在多种可能性之间反复地比较、分析、试错、修正，最后筛选出解题所需信息的思维方法。

(3) 趋势外推法

这种方法又称为趋势外括法或趋势分析法，是一种属于探索性预测的思维方法。

（三）类比思维

所谓类比，就是从两个或两类对象具有某些相似或相同属性的事实出发，推出其中一个对象可能具有另一个或另一类对象已经具有的其他属性的思维方法。

类比思维是一种间接的推理，是一种很有创造性的思维方法，在创新和解决问题时，具有很大的指引作用。

类比思维能够让我们充分开拓自己的思路，运用已有的知识、经验，将陌生的、不熟悉的问题与已经解决了的熟悉的问题或其他相似事物进行类比，将人们带入完全陌生的领域，从而创造性地解决问题。

其解决问题的程度取决于前提中所确认的事物的性质、特征的数量和可靠程度以及这些性质、特征与类推所得结论的关系是否密切，等等。

在对大学生进行类比思维训练时，主要可以采用以下几种方法。

1.形式类比

形式类比包括形象特征、结构特征和运动特征等几个方面的类比。这种类比主要是依据两者之间形式上相似。

如从猫想到虎，从儿子想到父亲，从照片想到本人，从鸟儿想到飞机，从鱼想到潜艇，等等，这些都是由形状或结构所引起的类比。

2.功能类比

近代发明家贝尔发明电活机的灵感就是来源于人耳骨的薄膜与电话膜片直接类比。他不无自豪地回想起自己是如何应用类比思维技巧而获得成功的。

由此可见，这种类比方式是根据两者之间存在的相似功能。

3.对称类比

世上的事物，几乎无一例外都具有对称关系。

英国物理学家狄拉克把相对论原理引进量子力学中，建立了描述自由电子运动的方程。在解这个方程时，得到了正负对称的两个能量解。在运算研究过程中，他运用的就是对称类比法。

4.原理类比

这种类比是由某种事物具有某种原理而体现出某种功能，通过类比而得出同类的事物也具有某种原理并体现某种功能。

伽利略在威尼斯一所大学教书。一天他在给学生做实验时，看到水加热特别是到沸点的时候，水在罐子里就会上升。于是他想起不久前，一位医生请求他制造一种能测出病人体温的仪器。他想："水的温度上升，体积就会增大膨胀上升，反过来，体积就会缩小下降，能不能根据这个原理来测量病人的温度?"于是他开始认真地实验，终于做出了世界上第一支体温表。

在现代社会，随着日常创造的增加，类比的作用尤其得到重视。因此，为了给创造活动建立一个良好的心理状态，就可以采用类比思维。

总之，类比思维是一种古老又极富生命力的科学思维方法。因此，我们在平时学习中，要有意识地、经常性地训练自己的类比思维能力，提高自己的创造力。

(四) 发散思维

发散思维是一种在创新性思维过程中常用的思维形式，是提高创造性的最重要的思维方式之一。因此也叫多向思维、开放思维、求异思维、分散思维、辐射思维或扩散思维。

发散思维是指对某一问题或事物的思考过程中，不拘泥于一点或一条线索，而是从仅有的信息中以某一问题为中心，尽可能向多方向扩展，从多种角度去思考探索问题，并且从这种扩散的思考中求得常规的和非常规的多种设想的思维方式，如图 3-8 所示。

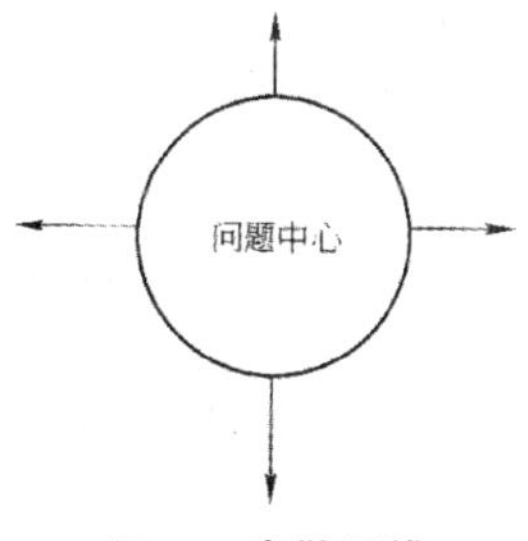

图 3-8 发散思维

美国心理学家吉尔福特在"智力结构的三维模式"中，明确地提出了发散性思维。他认为，发散思维是一种推测、发散、想象和创造的思维过程，就是从给定的信息中产生信息。

可以说，发散思维是一种寻求多种答案的思维，它不满足于唯一的答案，而指向于多种可能的答案，是多方向、多角度展开的。这种思维方法不受过去知识的束缚，不受已有经验的影响，从各个不同甚至是不合常规的思路去思考问题。

从思维质量的复杂性来看，发散思维具有如下几个层次。

1.流畅性

也可以称之为多样性，是指一共可以想出多少个答案。在发散思维中，流畅性是发散性思维的最低一个层次的特征，它体现了发散思维在数量方面的特点，也就是把对某一问题用发散思维做出的答案的多少作为衡量其高低的标志。

流畅性依赖于一个人记忆信息和认知的多少，它反映了一个人知识面的广博程度。

2.变通性

也即灵活性，是指对一个问题从几个方面去考虑答案，这些答案有多少个类别。

变通性是发散性思维较高层次的特征，要求思维者能思路开阔，善于随机应变，从而为思维开拓新的思路，寻找新的方法，为创新的成功开辟新的道路。

3.独创性

独创性是指创造的程度，它常常突破常规和经验的束缚，产生不同寻常的新念头和新思想，是发散思维中最高层次的特性。

独创性可以使思维突破常规和经验的束缚，获得新颖独特的创新成果。在人类创新发明史上，科学家、文艺巨匠和能工巧匠们之所以能为人类做出巨大的贡献，无疑都得益于有较强的独创性发散思维能力。一旦离开了思维的独创性，就会使自己禁锢于世俗的常规之中，难以获得创新性的成果。

在这三个层次中，流畅性是基础，独创性是目的，变通性是关键因素。想出来的可能性越多越好，但是纯粹的多样性往往不够，因为它很可能是在同一类别中重复，假如变通性也强，那就意味着涉及的领域越广，为创造性开辟的空间越大。

由此可见，发散思维可以使人的思路活跃、思维敏捷，不仅办法多，而且新颖，考虑问题周全，能提出许多可供选择的方案、办法及建议，特别能提出一些别出心裁、一语惊人或完全出乎人们意料的见解，使问题奇迹般地得到解决，所以，在创新过程中，发散思维常常起着举足轻重的作用。

吉尔福特认为，训练人的发散思维能力是培养创造力的一种重要方法。因此，对于大学生的创新教育来说，培养发散性思维能力可以通过培养开阔的思路和独特的思维两个方面进行锻炼，从而获得提高。

反过来，正因为有了发散性思维，才使我们的心灵更加开放，思路更加开阔，选择更加多样。

通过上述分析，我们可以看出，创造性思维对我们大学生来说更是必须的。当前，我们建设创新型国家需要每一个人的参与。因此，这就更要求我们具备创新性的思维，因为只有创造型的人才，才能真正把各种不同的思维方式融会贯通，提高分析问题和解决问题的能力，努力形成尊崇创新、勇于创新、善于创新的良好氛围，从而推动创新实践的进一步向前发展。

第三节　创新意识的培养

近些年，大学生创新成果不断，在高校创新人才培养中，创新意识逐渐成为学生进行创新性活动的内在动力。可以说，没有创新意识，创新思维、创新方法，那么创新成果就无从谈起。

在个体和社会发展进程中，创新意识是人的一种心理潜能，是个体由于自身强烈的变革愿望，它能够产生渴望创新、要求改变的意向。可以说，创新意识是人类意识活动中的一种积极意识形态。

对于创新意识的具体表现，目前各有不同，有代表性的表述主要有以下几种。

①创新意识表现为主体意识、问题意识、超越意识和集体意识等。

②创新意识由批判精神、创新思维、风险意识、系统观念四大要素构成等。

③创新意识主要体现为，探究事物本质习性，正确的创新态度和坚定的创新信念，高远的创新抱负和主动的创新自觉。

对于大学生而言，要实现创新意识的培养，也应该相应地从这三方面入手。

一、培养探究事物的本质习性

（一）内涵

探究事物的本质内涵是由好奇心发展而来的，它表现为强烈探索事物本质的欲望和刨根问底的习惯，并有从中寻找乐趣的倾向。

对于大学生来说，有了这一习性，就会在工作中不断地发现问题，并对问题进行深入细致的研究，直到解决问题，从而有意无意地在实践中进行创新。

（二）培养过程

探究事物本质内涵的能力，主要由个人的性格、先天的禀赋决定，但后天的培养训练也很重要。主要可以从以下几个方面进行。

1.把握分析资料

这主要是指要学会多方面、多层次的搜集，掌握尽可能多的资料，能够正确、全面把握材料，能够综合分析资料，并能得出较为正确的结论。

就创业而言，一次成功的创业是在深入把握分析资料的基础上实现的，只有对创业项目的背景、内容、前景等诸多方面进行透彻的分析和研究，才能为成功提供可靠的保障。

对大学生来说，要想培养把握分析资料的能力，主要还是通过创业实践来提升。具体可采用以下几种方式。

①借助学校举办的某些课程的角色性、情景性模拟参与，积极参加校内外举办的各类大学生创业大赛、设计比赛。

②对知名企业家成长经历、经营案例开展研究。

③找有创业经验的亲朋好友交流，得到最直接的创业技巧与经验。

④通过电子邮件和电话拜访你崇拜的商界人士，或咨询与创业项目有密切联系的商业团体，得到他们的支持。

⑤通过直接的创业实践去总结和探究，如通过兼职打工、试办公司、试申请专利等。

⑥通过试办著作权登记、试办商标申请、举办创意项目活动、创建电子商务网站、谋划书刊出版事宜等等，进行创业实战练习。

2.探究总结现象本质

事物的本质往往隐藏在现象背后，不能轻易得到，它是真理和规律，要通过探究事物的表面现象来认识。

探究一开始只是一种学习方式和学习过程，是指个体通过自主独立的发现问题、实验、操作、调查、信息搜集与处理、表达与交流等探索活动，获得知识、技能、情感和态度的发展。

对于大学生能力的培养来说，问题是探究的起点，是探究得以产生的最基本前提，也是探究的核心。探究的实质就是发现问题、解决问题。通过探究，个体在知识、技能、情感和态度等各方面都获得了发展和提高。

一般来说，探究的过程主要包括以下七个步骤。

①观察。

②提出问题。

③查阅书籍、资料查找已有知识。

④利用搜集工具进行资料收集。

⑤数据、资源分析。

⑥得出结论并解释。

⑦交流结果。

在信息泛滥的社会里，面对繁复的问题，要想解决问题，将事情由繁而简，去芜存菁，就要分析出解决问题的关键点，因此，总结探究现象背后隐藏的本质，就更显得至关重要。

3.培养怀疑意识

怎样提问题、针对什么提问题、提什么问题，反映了大学生创新意识的强弱。

在培养这一能力的过程中，怀疑意识强调对权威的挑战。怀疑不仅是辨伪存真的钥匙，也是启迪新思维的重要手段。在学习过程中，学生要敢于质疑、挑战权威。在接受知识的同时，要善于思考问题，要勇于挑战权威，积极进行思考。

4.转变学习观念

学习，是人类进步成才的阶梯。不断加强学习的过程，就是人们认识客观世界、修炼道德情操，积累能量、自我充实完善，锲而不舍、镂金刻石的过程。

为了什么而学习要比学到什么更为重要。因此，一定要明白自己学习的目的是什么，变被动学习为主动学习，并树立终身学习的观念。特别要完成这样一个转变，即把“为考高分而学习”转变成“为解决实际问题而学习”，只有这样，学习才能变成有目的性的学习，并且富于乐趣。

5.寻求最佳解决方案

遇到事情，会有多种解决方案。因此，我们首先要想到有无最佳解决方案，并进行尝试，而不是仅仅满足于解决问题。

用最佳方案解决问题能够节省时间和精力，在此过程中，要不断地克服敷衍和应付的心态，只有这样，才能够更便捷地解决问题。

二、培养创新态度和信念

进步的创新态度和信念是创新性人才必须具备的要素之一，是对人类文明进步的一种信念，有为之作出贡献和牺牲的使命感，表现为敢于提出不同的观点，喜欢尝试新方法，探索新道路。

对于大学生而言，创新态度和信念转化为内在动机，就会成为一个人不断取得创新性成就的巨大驱动力。

（一）坚定的创新信念

从事创新工作必须有对创新活动具有重大激励作用的信念支持，方能为创新性活动提供源源不断的动力支持。由于信念的力量是无穷的，因此，能在创新工作受挫时，激发自身的斗志和战胜困难的信心，调动自身的创造潜力。

通常来说，几种很有代表性的信念包括以下内容。

①“有志者事竟成”。

②“天道酬勤”。

③“前途是光明的，道路是曲折的”。

④“困难是暂时的，是可以克服的”。

⑤“办法总比困难多”等。

对大学生来说，自信是成功的一半，信心就是创新的动力，只有自信的人才有创新的欲望和冲动。自信不是自傲、自大，不是刚愎自用。自信是建立在客观、准确认识自我的基础上对自身能力的相信。妄自菲薄与妄自尊大都不可能成为创新人才。

（二）自主的创新态度

培养创新意识，就要注意培养独立意识。因为，创新讲究的是独创性，而不是模仿、雷同。因此，创新还是对现实的超越，基于这些，培养自主意识就更显得十分重要。

在美国最常听到的一句口头弹就是“没有做不出的东西，只有想不出来的东西”。美国教育家杜威曾说：“科学的每一项巨大成就，都是以人的幻想为出发点的”。如同瓦特发明蒸汽机一样，更快、更好、更强是创新的原动力。

可见，创造力并不神秘，很多创新的成果其实都出自一种好奇或者最初一个非常简单的想法。因此，敢想是发挥自己创新潜能的先决条件。创新就是要敢于打破常规，把不可能变成可能，如果故步自封，遇到难题就认为不可逾越，就很难有信心和勇气走向创新成功的彼岸。

诚然，在很多时候，我们考虑问题首先会想到一些局限性，当然这并不是说不能考虑，关键是我们首先要敢于想象，想象如何能突破某些局限性。世界上几乎每一个杰出的成就，从福特公司到迪斯尼公司，从索尼公司到微软公司，都是从敢于想象开始的。

（三）持之以恒，坚韧不拔

“行百里者半九十”，做事越接近成功越困难，越要认真对待，做事要善始善终，方能成功。

牛顿创制“万有引力”和“牛顿三定律”、爱迪生试用三千多种材料发明电灯等等事实告诉我们：坚持不懈、持之以恒是成功之道。对于任何一位成功者，我们可以发现，他们的共同特点都是把理想和信念紧密地融合在一起。

美国科学家吉耶曼曾领导一个科研小组进行下丘脑激素研究，花了14年的时间，也没有找到这种难以捉摸的激素。有些老科学家甚至断言，这项研究将以失败告终。但吉耶曼并未因此而灰心气馁，他以非凡的毅力承受着无数次的失败，舍命扑在科学研究上。前后35年，解剖了27万只羊脑才终于提取出微乎其微的1毫克促甲状腺释放因子的样品。1977年，吉耶曼因此成果而荣获了诺贝尔医学和生理学奖。

（四）正视挫折，控制风险

意大利文艺复兴时期伟大的科学家布鲁诺，勇敢地捍卫和发展了哥白尼的太阳中心说，面对火刑，毫不退缩，用生命捍卫了真理。

由此可见，创新是走在前人没有走过的路上，在这一过程中难免会遇到困难，遭受挫折。所以，对于大学生来说，要想有所创新，就要在实践当中，有一定的风险意识和冒险精神，要有克服困难的勇气和百折不挠的精神。

当代大学生虽然聪明灵活，但依赖性强。虽然有理想有抱负，但却缺乏创业的心理准备，特别是抗挫折能力不强，意志力普遍比较薄弱，开拓进取意识不足。

创新是一项异常艰苦的工作，是一条充满艰辛、坎坷的崎岖之路，并非一帆风顺，期间会遇到这样或那样的困难和挫折，因此要有一定的心理准备，并要正确对待，防止半途而废。

实践证明，多数大学生创业者一旦创业过程中遭遇困难和挫折，往往情绪低落，无法自拔，一蹶不振，有的甚至心理发生扭曲，走上歧途。

因此，大学生在创业过程中，要逐步树立自立自强、百折不挠的信心，将人生道路上的种种困难、挫折视为人生的洗礼。要始终铭记孟子的一段话："天将降大任于斯人也，必先苦其心志，劳其筋骨，饿其体肤，空乏其身。"

三、培养创新性抱负

（一）树立创新抱负

人是要有一点精神的。这里所谓的精神，就是远大的理想和志向。一个人如果没有远大的志向，就会在工作中停滞不前，即使有所成就、有所创新，也会就此满足。只有那些具备远大理想、不断追求成长的人，才能不断开拓，不断进取，创造非凡的业绩。

纵观古今中外，大凡有作为的人，都是志向高远、有大抱负的人。虽然在芸芸众生中，最终有大作为、名留青史的是少数人，但是，如果没有一大群人与他们意气相投、共同奋斗，这些人也是难有大作为的。所以，无论是个人发展，还是社会进步，都需要从小树立远大的理想。

（二）培养创新自觉

古今中外，大量事实告诉我们，那些对人类作出卓越贡献的、在事业上取得伟大成就的人，都是在青年时期就立下了鸿鹄之志，并为之坚持不懈、努力奋斗。

周恩来中学时期就立下了"为中华之崛起而读书"的志向；李四光、钱学森、邓稼先等老一辈知识分子，青年时期就立志用自己的聪明才智报效祖国。这就是创新自觉的重要表现。

通常来说，创新自觉是指创新人才充分认识到自身的创新活动对国家、对社会、对个人的意义和责任，从而自觉地加入到创新队伍的行列，开展创新活动的一种动力。

目前，我国大学生较为缺乏创新观念和创新欲望，缺乏创新的毅力。

现如今，在我国的高校中，虽然有些大学生也能认识到毅力在创新活动中的重要性，但在实际工作过程中往往虎头蛇尾，见异思迁。

对于大学生而言，缺乏创新兴趣，或者是兴趣往往随着时间、环境、心情经常变化，缺乏深度和广度。产生这些现象的原因，归根结底是社会责任感有所缺失。

对于大学生而言，我们要认识到，个人的成功离不开社会和国家，要充分发挥自己的主观能动性，想方设法，集思广益，群策群力，自觉自愿，克服困难。同时还要理智地处理个人与团队和国家的利益关系，努力去完成自己的学习和工作任务，充分利用自己的聪明才智，自觉寻找自我价值与社会价值的结合点，最大限度地发挥敬业奉献的实干精神，从而在承担对社会的责任和为社会作贡献中赢得社会的肯定。

（三）明确发展目标

发展目标是由人的社会性决定的。人一旦具有独立意识，就会自然而然地萌发人生发展目标的思想。对于发展目标，通常从两方面来看。

第一，从心理学上看，发展目标属于心理期待的范畴。

第二，从社会学上看，发展目标属于理想的范畴。

一般来说，人的发展目标包括远期目标、中期目标和近期目标等不同的类型。一切伟大的事业都始于伟大目标的确立，都始于矢志不渝的执著追求，都始于通权达变的创新性思维，都始于大小之处敢于不同的信念。

因此，对于大学生而言，一定要树立一个长远的目标，并为之努力。同时，还要不断检查、修正自己的目标，看看实现的可能性，如果可行再具体确立阶段目标。

因此，对于大学生而言，在人生的旅途中，尽早认清自己的发展方向，通过有效的途径，全力以赴，才能有所成就，才可能真正实现自己的人生价值。

（四）增强合作意识

在知识爆炸的时代，即使知识再丰富也相对有限。要进行创新，光靠一己之力是很难完成任务的，必须学会以开放诚恳的态度与他人相互协作。因为，在当今社会，合作意识在现代创新中正变得越来越重要，成功的取得依靠的是与人合作。

第四节 当代大学生创新实况

一、准确把握时机

(一) 案例

张兵兵同学2010年毕业于烟台南山学院，毕业就想自己创业。与父母一番商量之后他们也同意了他的想法。恰逢当地地方性产业居多，如：冷藏、纺织、印染、铸造等一系列工厂，他便萌生了开一家五金供应公司的念头。因为父母有朋友家中是做纺织行业的，他便去朋友家纺织厂工作学习了一些日子，了解一些机械组装以及设备维修主要应用到的配件以及工具。然后去省内外的各个五金配件市场摸清进货渠道，如：临沂河东五金城、潍坊豪德五金市场、北京朝阳轴承进出口贸易公司等。

公司成立后，起步资金却成了创业难题。有朋友就帮他出谋划策，说是大专毕业生凭毕业证和公司营业执照可以去当地的邮政储蓄申请大学生创业无息贷款。他抱着试试看的心态去申请，没想到成功了。而且一次性申请贷款的额度为20万。有了这一笔启动资金，他的五金公司也就慢慢开始运作起来了。

五金公司刚开始运作的时候走了很多的弯路，因为各个行业的机械设备不一样，所用到的配件和维修工具便不尽相同。由于不太了解市场行情导致积压了很多的库存卖不出去，对资金周转极为不利。他便同各个供应商协商退换销售量可观的商品，协商成功之后，问题迎刃而解。至于销售渠道，他从自己身边的朋友、同学以及父母、亲属的朋友身上打开。客户也从那时慢慢积累，库存品种也越来越多、公司规模也越做越大。

张兵兵从南山学院毕业已经5年多，创业也已经有4年的时间了。五金公司的货物储备量从开始的十几万元到了现在的三百多万元，年销售额从一开始的130万元到了现在的600多万元。且在逐步稳定增长。2015年伊始，预计销售额能达到700-750万元。

(二) 分析

在这个案例中，张兵兵相信只要了解市场，抓住机遇，有一颗迎难而上的信心，做任何事情都会成功。他不仅有了创业的梦想和机会，关键是把握住了时机，敢于创新，并且能够在自身独立思考和对市场需求的客观分析下，坚定地朝着自己初定的目标前进，一步步走向成功。由此可见，创新讲究的独一无二恰恰是其成功的重要砝码。

二、不怕困难、坚持不懈

（一）案例

已经毕业三年的张云说，“其实创业并不像每个人想象的那么艰苦，但是要能耐得住寂寞，还要有一颗坚韧的心。”经过几年的努力，他的两家公司已经小有规模。

2015 年，张云和两个同学在毕业之时，怀着凌云壮志，开始了创业之路。他们跑市场、搞开发，在创业最艰难的时候，一天总共的盈利只有 70 元。白天“跑街”，找写字楼，晚上回来做预算，写方案，同时还要注意节省路费和住宿费。

对于他们创业起步时的艰难，张云最常说的一句话就是“明天肯定会比今天好”。现如今，张云说，“当时支持我们坚持下去的是信念。一个很虚无的东西，就这样把我们 3 个人引上了创业路。”

（二）分析

通过这个案例能够看出，创新人才需要具备百折不挠、坚持不懈的毅力，案例中能够促使张云成功的一个重要因素就是面对困难和挫折时的不轻言失败和放弃。

他相信命运掌握在自己手中，而且在实践当中，善于变逆境为动力，具有顽强的斗志和拼搏精神。同时能够根据市场的需要和变化，确定正确而且令人奋进的目标，战胜逆境实现自己的目标。

三、坚定创新的理想抱负

（一）案例

温泰是 2008 年装潢艺术设计专业烟台南山学院毕业生，2010 年上半年，从电视媒体上了解到现在的装饰市场出现了一种新的墙面装饰，觉得非常新颖，虽然价格高，但是装饰效果非常出众，墙面的凹凸给视觉造成了极大的冲击力，同时觉得有必要发展自己的事业。于是就查阅了这方面的几个公司，也去实地考察了一线城市的市场行情，通过比较，认为北京尚美墙艺装饰公司不错，并且代理条件及价格方面综合性价也相对高，该公司有自己的产品研究基地和原材料生产场地，施工工艺都是国外引进的，于是当即决定去实地考察学习。

之后他与该公司签署了潍坊昌乐地区加盟代理合同，成立潍坊尚美墙艺装饰有限公司，在市区新建的七彩大市场签下了一200平米的两层门面房，开始了人生中的第一次自主创业。

现在，他们的前期工作已结束，组建起了自己的团队，开始营业。新兴的技术必须要经过老百姓的认可，而怎样来让老百姓认可这种装饰呢？很多人认为这东西比壁纸都贵，怎么行的开，有钱贴壁纸也不会做墙艺。要让他们接受新型墙艺必须想办法；刚开始运营的半年时间里是赔钱的，万事开头难，前期的广告宣传投入，免费样板房装修花费了很大资金，加上员工的工资和福利，公司的日常运营费用，流动资金的占用等等，曾使温泰焦头烂额。通过不断的宣传，及跟房地产开发工司的合作，他们的效益慢慢好起来了。

买房子的人肯定会考虑装修，怎样来吸引这部分人呢？据温泰观察，基本每一个房地产开发公司的售楼中心或者会所都会有精装修的样板间吸引客户买房，而买房者肯定都会参观，就像现在的万达、茂华、恒大、万科、中建先把小区的景观和绿化做起来再盖房子一样，买房者一看小区这么漂亮，买意大增，于是他决定借房产中的体验销售法，把产品做到样板间，这样老百姓就会知道：这种墙艺很漂亮，很有档次，这是尚美墙艺做的。一传十，十传百，慢慢认可的人会越来越多，就会有越来越多的人去接受墙艺，接受尚美公司。

所以，他们要用过硬的产品质量和新颖的技术，建立广阔、牢固的客户基础，谋求公司更好的发展；要先做好，再做大，再做强，并且坚信尚美的口碑形象会在老百姓心中树立起来。

（二）分析

由此可见，无论是个体还是团队，要想走上创新的道路，单靠外力推动可能是不够的，只有自身的创新抱负，认识到自身创新的重要意义和作用，才能成为不断前进的根本动力。因此，要想在长久不懈的坚持下取得创新的成果，就要在面对困难和挫折时毫不犹豫动摇。

四、团队合作、敢于创新

（一）案例

黎同学与梁同学共同主持研发的戒烟牙膏吸引了众多专家、企业人士、厂商的目光。它们在2003年第八届“挑战杯”全国大学生课外学术科技作品竞赛中，荣获二等奖。

他们的创新以牙膏为载体，以中药戒烟理论为基础，尽管实验中遇到了不少的问题和麻烦，但找到问题后，他们便开始分头行动寻找解决的办法。为了得到牙膏的准确配方，他们专门去草珊瑚企业集团调研取经，还联系专家、教授，帮助指导。

经过半年的努力，实验获得了初步成功，并多次在“挑战杯”等科技竞赛中获奖。谈到成功的经验，梁昊飞说，团队的协作和配合是他们成功的关键。就像踢足球一样，他们既有前锋、中锋，还有后卫。密切的配合和明细的分工使得他们在实验中有条不紊。

（二）分析

通过这个案例，我们能够看出，大学生是一特定的创业群体，社会阅历浅，热血沸腾，个性化、自信力等都较强，但这也导致他们在实际工作中，常常会出现以自己为主、缺乏团队精神等不利于合作创业的情形，这些都影响了创业的成功率。

因此，通过上述这个成功的案例，我们可以看出，对大学生来说，在创新、创业过程中，要相互合作，取长补短，强调团队合作，积聚创业实力。

五、失败的市场分析

（一）案例

一年前，大学毕业生张同学和几个朋友决定自主创业，在自主创业受创后，经过市场分析，认为家政服务行业利润空间大，于是就开公司代理上海某环保科技有限公司销售的“油精”，用于家具养护。逐渐地，张同学发现，他们用现金购进的 10 万元的产品，足够整个郑州市的地板保养使用两年。因此，迫不得已，他们做了“二级代理”。但上海公司并没有兑现当初的承诺，广告、人力支持、员工培训等都不到位。仅仅半年，他和伙伴们想尽办法却收效甚微。内忧外患中，张同学的创业梦破灭了。

讲述自己的创业遭遇时，他说，“我希望年轻的大学毕业生在即将飞翔的青春岁月里，不要像我一样留下永远的伤痛。”

（二）分析

张同学的实例说明，在创业前期进行必要的市场分析是正确的，但是掌握的资料不够全面，对资料的分析不够深入。就难免会出现问题，因此，对于大学生的创新创业来说，如果能够深入一点，也许出现的问题就可以得到有效缓解。

六、积累资源、做好准备

（一）案例

2005 年 9 月，19 岁的贺靖拿着父母卖掉房子凑来的一万多元学费，踏进西南林学院大门。贺靖一进校门，就告诉自己：要通过努力拥有一个属于自己的平台，这样才能在同等条件下比别人有更多的机会。

2008 年，西南林学院首届大学生创业大赛，这次机会让贺靖真正开始了创业之路。贺靖开始与兄弟们一起写创业计划书，着手进行创业。他们没有营销策略、运作方式，但尽管如此，策划还是得到校方老师的支持。

一个月后，贺靖赚到了“职业生涯”的第一桶金，更多的商家开始给他们供货，整个数码城的人几乎都知道了这个名字。

2009 年，6 月 24 日，知名网站中国校友会网和《21 世纪人才报》联合发布“2009 中国大学创业富豪榜”，西南林学院毕业生贺靖以 30 万元资产挤入全国百强。

（二）分析

通过这个案例，能够看出，要想“一跃而起”，之前必须有一定的积累，这些积累基本包括如下内容。

①资金。

②人脉关系。

③自身知识的不断完善。

④市场的调查与分析。

此外，在创业过程中，如果没有对专业的热爱，没有基础知识的积累，就不可能创新创业。没有一个创业项目是轻易就能实现的，每个过程都是一个浩大的工程，需要方方面面的能力和技巧，这需要创业者在创业道路上不断学习，认清道路，少走弯路。

七、善于观察、开拓创新

（一）案例

卞杭是浙江教育学院毕业生，大二时，宿舍看视频，大家专注于网上流行的“电信春晚之四小男天鹅”“后舍男生版喜刷刷”等搞笑段子，并且十分流行。

他认为，既然大家都想在单位春晚上一鸣惊人，为什么我不能拿这个赚钱呢?产生这种想法，刚刚大学毕业的卞杭将目光瞄准了“单位春晚”这块蛋糕。他召集感兴趣的同学，把想法付诸实践，帮助各个单位举办有创意的“单位春晚”，从而获得了第一桶金。

现如今很多企业，都把单位春晚看成宣传企业文化、凝聚团队信心的好机会。因此，好的创意是不错的选择。

（二）分析

通过这个案例，不难看出，这位同学采取的是一种新的经营模式，瞄准“企业内部春晚”这一市场，采取奇特的创意，把握创新活动信息。

由此可见，消费者大多喜新厌旧，新产品能否打开市场，关键在于有没有新意。而大学生的特点就是充满朝气和标新立异，且善于观察、思考，开拓创新能力强，如果有意识地多参加一些社会实践，并请老师进行创业指导，那么便能够较为顺利的开启创新、创业之路。

八、勇于尝试、坚持不懈

(一) 案例

王娜是山东省临沂市沂水县诸葛镇卞山村人，是烟台南山学院财会金融学院 2007 级会计电算化专业 14 班学生。王娜同学家庭条件优越，性格外向、活泼，而且成绩显著，深受学院老师和同学好评。

经过市场的洗礼，王娜同学利用自己所学专业的相关知识创办的“以服务成员、谋求全体成员的共同利益”为宗旨的汇丰润养猪专业合作社逐渐发展壮大，并逐渐成为行业的领军者。王娜同学的创业成功，是自主创业成功的典型代表。

王娜同学时刻关注家乡的发展，发现养猪的村民大多都是采用分散经营的方式，在技术等方面都不成熟，抗风险能力也比较差。经过不断的思考和摸索，王娜同学产生一个大胆的想法。她认为如果成立一个合作社，把养猪的村民统一组织起来，通过统一经营的方式，一方面可以互相学习养猪方面的先进技术，另一方面可以拓宽生猪市场的销售渠道。成立农业合作社，通过统一种猪供应、统一技术服务、统一防病防疫、统一饲料采购、统一生猪销售的模式，吸纳周围村民小规模养殖。也能很大程度上扭转养猪市场处于低谷的形势。这样，王娜一个较成熟的创业想法就初步成形了。

了解到王娜同学的创业意向后，财会金融学院给予王娜同学大力支持。财会金融学院院长刘万庆和助理郭宝强专门开会研究布置了具体的实施帮助方案，讨论重点集中于市场可行性分析和创业技术、知识和服务支持等方面，会议很快达成了一致共识，并迅速付诸于行动。

其次，学院出面帮助其联系青岛农业大学动物科技学院的老师，对王娜养猪进行技术方面的实质指导。专家指导和建议王娜同学在养殖过程中，采用最新的生物发酵床技术。这样可以及时分解猪的排泄物，就地转化为菌体蛋白、维生素、氨基酸等有益物质，就可以被猪直接食用。这种新型养猪方法，可以提高饲料的利用率，节约养殖成本。按这个情况算下来，平均每头生猪可比原来增收 100 多元，而且环保、无污染。有了专家的技术指导和支持，王娜同学对创办养猪合作社有了更加充足的信心和勇气。

此外，学院巧妙利用学生会团体，顺利将之前财会金融学院创业成功的学生组织到一起，进行创业经验交流会。这个会上大家对王娜同学进行了实际创业的帮助，重点是对创业的具体细节问题进行斟酌协商，加快了王娜同学在创业道路上的步伐。在各方面准备就绪后，王娜同学带着自己贷款得来的几万元，终于投资成立了沂水县汇丰润养猪专业合作社。

虽然合作社的前景非常美好，但是合作社成立之初根本没有人买王娜同学的账，“行情不好，猪病又多，赔钱了咋办?”“说得挺好，没钱咋养?”……之类的刁钻问题一个个扔给这个热心的小姑娘，在多次碰壁之后，经过回家跟父亲一番探讨，最后王娜同学对养殖户们做出了一个大胆的承诺：“你们只管进猪仔，疫苗、饲料、技术、疾病全部由我承担，等大家把猪销售出去了再跟我结算就行!”在有了这样的保证之后，陆陆续续有了加入的社员，王娜同学隔三差五的就带着技术人员进行一对一的指导帮助，并且自己想尽办法学习养殖和疾病知识，成了乡邻四里小有名气的女兽医，而后王娜同学又结合自己在学校学到的经济专业知识以及在学校老师的帮助下进行了系统的市场分析，建立了一套自己的市场预警系统，几次大的市场波动竟然全部让她的社员规避过去了，半年之后，等这批社员的生猪投入市场竟然每个养殖户平均每头生猪多赚了接近 200 元，汇丰润养殖合作社的市场知名度一下子扩大开来，越来越多的养殖户主动地跟王娜联系，要求加入合作社，而王娜同学对每位社员无微不至的技术指导和市场分析也成就了与她年龄不符的巨大影响力。

仅仅半年时间就带来如此巨大的成功让王娜和学院老师们欣慰不已，他们在继续坚持良好技术服务的同时又积极的进行畜牧产品的深加工，在其父亲的帮助下又成立了自己的生猪养殖基地，真正成为了沂水县有名的养猪龙头，并且使得社员人均年收入增加三万元以上，甚至多名社员踏入了年收入十万以上的富裕水平。

合作社经常利用自身优势组织社员参加各大知名饲料、兽药厂家的技术培训，平均每三个月就组织一场技术讲座，聘请知名专家现场指导社员养殖技术，每个社员现在都成了一个小专家。

此外，该合作社还有严格的质量把关制度，坚持选择有品牌、有质量信誉、有服务能力的厂家。而且成立了自己的实验室，聘请了专门的化验员，对每份进入合作社的饲料都进行抽样化验，从此解决了养殖行业中令人头疼的饲料质量不稳定的难题，去年一年几乎没有一头生猪因为饲料问题发生疾病，引得周边县城的畜牧行业同行经常参观学习。

合作社还实行饲料一定储存量的制度，有利于抵御价格和质量风险。合作社把生猪卫生防疫放到首要位置，始终坚持“预防为主”，对生猪疾病做到早发现，早治疗。合作社本着“保健为主、治疗为辅”的绿色养殖理念将生猪发病率控制在2%以下，并且联合知名厂家对社员生猪进行定期体检，清除各种发病隐患，从成立至今，合作社内所有生猪没有一头发生流行性病毒疾病，同时大大降低了养殖户的饲养成本，平均节省投药成本45%以上。

合作社在运营期间，始终坚持本社以服务成员、谋求全体成员的共同利益为宗旨。在坚持贯彻这一宗旨的前提下，合作社不断发展壮大，现有50户养殖人家，下辖了5个规模养猪厂和45个散养户。这5个养猪厂存栏量一般保持在1900头、1500头、1650头、1200头、1350头，散养户共养殖生猪8500头，总计年出栏量为20000头，基本实现了规模化养殖。如今合作社每年营业额达到2500万，实现总利润800万！自从组织合作社之后经过合理的资源整合实现了巨大的规模化生产的优势，每头生猪利润比之前高出130多元，引得周边养殖户踊跃报名。

（二）分析

通过这个案例，我们能够看出，王娜同学的难能可贵之处，不仅在于信息获取与处理能力，更重要的是勇于尝试与坚持的精神。

以上这两点能力，在大学生的创新过程中尤为重要。他们通过到图书馆查询相关书籍资料、向律师咨询、学习相关案例，获取了大量的信息，并付诸努力，对所有信息进行处理，最终取得了成功。

其实，对于大学生而言，在创新过程中，只要我们同学敢于去尝试，肯于去收集整理学习、工作、生活中的各类信息，我们就能够用自己的力量去服务社会。

九、积极构建知识结构

（一）案例

当前，在各类岗位激烈的竞争中，用人单位普遍对复合型人才、实践型人才趋之若鹜，从各大企业发布的招聘信息来看，八成以上的招聘企业对所需人才的综合素质有较高要求。不仅要求具有较强专业知识、还要有一定的工作经验和行业背景。

也就是说，复合型人才成为了招聘企业的首选。究其原因，能够看出，一方面，随着企业的发展壮大，对人才的素质要求会越来越高；另一方面，一些新兴职业如物流管理也要求将不同的学科糅合在一起，因此也就要求大学生必须用更新的装备来“武装自己”。

对于大学生来说，复合型人才包括知识复合、能力复合、思维复合等多方面。因此，大学生每个人都要提高自身的综合素质，既要拓展知识面又要不断调整心态，变革自己的思维，成为一名适应时代要求的复合型人才。

（二）分析

通过市场的反馈，我们能够看出，对复合型人才的需求，为大学人才的培养以及创新发展提出了要求，指出了方向。

学校要促进学生的全面发展，与之相适应，大学生也应在学好本专业的基础知识上，有针对性地进行创新，充分利用大学内丰富的教师、图书和实验室等资源，拓宽知识面。提高拓展自身知识结构。只有这样，才能在未来的就业市场中成为“宠儿”。

第四章　创业概述与准备

就业是民生之本，创业是就业之源。当今全球经济形势仍然严峻，就业压力日益增大，大学生从被动求职者逐渐转变为主动的职业创造者，在为社会创造财富的同时，还能为社会提供更多的就业机会。

第一节　创业意义与前景

创业是指创立基业、创建功业。有人认为，创业是一个自主创办事业、创造业绩的过程；有人认为，创业是一个自主创办企业、创造财富的过程；还有人认为，创业是一个发现和捕捉机会来创造新颖的产品或服务，并实现其潜在价值的过程。

综上所述，对创业的理解可谓多种多样，却又大同小异。概括来讲，我们认为，创业是一个自主创办事业、创造经济效益和社会效益的过程，而且这种过程需要现实的载体。

一、意义价值

(一) 实现多元就业，创造就业机会

当今社会，随着经济全球化和知识经济的到来，对未来的职业选择越来越趋向多元化，大学生创业可以作为未来的就业选择之一。目前，各国之间的竞争，尤其是高技术人才的竞争日趋激烈，各国政府都把构筑坚实的高技术人才的阵地作为首要目标，高等教育发展是实现这个目标的重要途径。

随着近几年我国高等教育的不断扩招，大学毕业生就业难问题越来越

突出。再加之我国人口众多，劳动力资源丰富、就业压力大，就明显成为一个迫切需要解决的热点问题。

正是在这样的背景下，社会需要更多的创业人才去创造就业岗位。因此，大学生自主创业一方面缓解了自身的就业压力，另一方面也为社会提供了新的就业机会。

（二）实现社会贡献最大化

大学生自主创业有利于人才资源和科技资源得到充分利用，通过创业，使得许多新创意、新科技不仅仅是停留在头脑中、纸面上的创意、观念，而是能迅速地从大学生的思维和文字转化为现实的产业和服务，为人类造福，为国家做出最大的贡献。

例如，北京一位大学生，通过毕业后的创业，年收入达到 170 万元。这个年轻人，开拓了一种新家政商业模式。凭借新模式，在北京家政服务界打开了新局面，一个月就赚了 3 万元钱。实现了自己的目标，完成了很多人梦寐以求的事。

（三）实现自身价值最大化

目前，时代不断发展，社会不断进步，高科技不断创新，经济制度不断变革，这些都孕育了一个需要创新的时代。

大学生通过自身的努力，适应时代发展的需求，响应社会变革的召唤，在新时代的大舞台上一显身手，开创一番事业，实现事业的成功，这是大学生最为渴望实现的人生目标。

可以说，对大学生而言，自主创业将是实现人身价值最大化的一条途径，它能够使大学生们开动脑筋，不断创新，超越自我，将聪明才智最大限度地转化为生产力，休现出自己的价值，获得人生的最大满足。

二、现状与前景

（一）现状

尽管目前大学生自主创业拥有良好的社会大环境，但也有诸多不利因素制约着他们的发展。

1.有利条件

近年来，教育部频频召开推进高等学校创新创业教育和大学生自主创业工作视频会议，反复指出：要建立高教司、科技司、高校学生司、就业指导中心联动机制，形成了创新创业教育、创业基地建设、创业政策支持、创业指导服务“四位一体、整体推进”的格局。

除了中央的政策外，各地政府为支持大学生创业，都出台了一系列的优惠政策，大学生创业可以享受到税费减免、贷款贴息、政策培训甚至无偿使用办公场地等优惠政策。

由此可见，现阶段是大学生自主创业面临的良好机遇，从中央到各级政府，都积极鼓励和支持大学生自主创业，这无疑为大学生营造了很好的创业环境。

此外，由于大学生年轻，普遍具有较强的专业基础知识，思维活跃，想象力丰富，行事不受经验束缚，具有强烈的创新意识，因此，对于大学毕业生而言，自主创业具有自身的优势，而这也成为创业者成功的最重要条件。

2.不利条件

(1) 自身缺陷

由于大学生思维活跃、经验缺乏，再加之年轻不成熟，导致会出现在自主创业时，想得多做得少。

他们有的在校就开始创业行动，有的直接进入创业角色，有的先就业，再创业。据调查，现阶段毕业生中有创业欲望的约30%，付诸行动的非常少。

(2) 客观限制

除了大学生自身的缺陷制约了创业，还有许多客观条件成为创业的瓶颈。比如项目的选择、商业操作的能力和管理水平等，如果一个环节出了问题又没有及时解决的话，势必会影响企业的正常运作，最后导致创业行动的失败。总结起来大致有以下几点。

第一是经验欠缺。大学生对社会缺乏了解，很容易眼高手低、纸上谈兵。

第二是知识不全。没有周密的计划，没有指明市场创造价值，对正常运转和赢利考虑不足。

第三是项目不适。很多大学生不屑于从事服务业或技术含量较低的行业。

第四是能力不够。不熟悉市场“游戏规则”，在理财、营销、沟通、管理等方面的能力普遍不够。

第五是意志不坚。创业中接连不断的麻烦，消磨一个人的意志。

（二）前景

1.必将形成自主创业气候

大学生自主创业解决了自身的就业问题，为社会创造了就业机会。目前，受传统思想的影响，我国大学生创业的还很少，但创业是时代的要求，虽然许多毕业生不愿意创业，但这是我国高校毕业生就业体系改革的一个方面。

目前，国外大学毕业生创业人数比例最高可达 30%，我国还远远达不到，可以说没有创业就没就业。自主创业已经成为大学生新的选择，成为一股新的力量。

2.迎合了产业发展转向知识经济的趋势

中国逐渐形成知识经济，对人才的需求也渐渐转为复合型，随着经济增长，高科技产业、第三产业和民营经济将是人才需求的增长点。而且由知识型转向技能型。因此，鼓励大学生自主创业，将打破大学生委尊屈就的人才高消费现象，使有可能从事知识、技术产业的从业人员比例大大增加，刺激知识产业发展攀升，从而使高层次人才资源发挥较高的实用价值。

3.进一步得到政府的支持和社会的关心

近年来，政府加大扶持力度，出台优惠政策，如《关于进一步做好高校毕业生就业有关工作的通知》，把大学生创业培训纳入当地创业服务体系，提供项目开发、专家指导、小额贷款等服务，帮助他们成功创业。

此外，除了中央外，各地地方政府也都推出了相应的政策鼓励大学生创业，并为大学生自主创业做了不少实事。如有的地方政府为大学生进行培训，进行专项指导。有的则举办阶段性、局部性的创业大赛，有计划地导入创业教育，对大学生自主创业进行科学指导。

除了中央和地方政府，各大高校也分别出台了相关优惠措施，有力地支持了大学生创业，在缓解大学生就业压力的同时，有效提高了科技创新水平。在得到政府政策支持、基金扶助、培训指导的同时，社会各界也越来越关注大学生自主创业问题。

4.自主创业将更加理性

目前，大学生自主创业非常普遍，是大学生成才的重要模式，因此，大学生的创业行动也必定更加理性。

随着创业教育的普及和深入，大学生在创业方向的选择上，必定会把重心下降，不是只盯着大商机、高科技，而是会从实际出发，从第三产业和科技含量低的行业练兵开始。

因此，针对这一现状，应该认真进行市场调查，在此基础上进行切实可行的计划，并且在企业人力资源、资金等方面科学管理，减少随意性。

第二节　创业特征与思路

一、特征

创业作为一种独特的经济行为，不同于其他社会经济行为，它具有自身的基本特征，能够帮助创业者更加全面、客观和理性地认识创业，有效地规避创业风险，做好创业准备，培养创业品质。

（一）自主性

创业即为自主创业，是一种摆脱对他人依赖性的束缚，通常表述为真正做自己的主人，“自己给自己当老板”“自己给自己打工”。因此，自主性应是创业的本质之一。

创业的这种自主性首先表现为创业者思想的独立性和主动性。它是创业者有目的有意识地主动选择活动，是积极进取精神的体现，是使命感的驱使，不是一种坐以待毙的无为意识。因此，在创业中要敢于展示自我，要善于独立思考，建立强烈的自控和主宰自己命运的意识。其次自主性意味着创业需要自负盈亏、自担风险和责任。

此外，创业者的价值体系和生活方式，也体现出一定的特征。如需要自己付出更多的努力；要承受更大的风险和更多的责任等。

因此，如果选择自主创业，就要付出更多，它会使你获得独立自强，会给你一种完全控制自己命运的感觉，自主地做出决定，贯彻自己的意图，充分支配自己的时间，自由发挥自己的知识、技术和才干，最大限度地实现自己的人生价值。

（二）价值性

自主创业所开创的新事业必须是有价值的，这不仅是指创业者本身要有价值，更是指创业要对社会也有价值。没有价值的驱动，人们就不会冒着风险去创业。可以说，价值性是创业活动的意义和落脚点。

（三）系统性

创业是一个复杂的系统工程，必须考虑到人、财、物、市场细分、定位、管理体系、财务控制、退出机制、预算等一系列要素。

由于创业的系统性，因此必须认识到，创业要求创业者有完整缜密的实施方法和讲求高度平衡技巧的领导艺术。在创业过程中，商机的创造和识别是核心，冒险精神和承担风险的能力也尤为重要，能否在平衡风险与潜在回报之间权衡利益，就成为决定其创业成败的重要能力。

（四）冒险性

创业一词的最初意义即为承担风险。所谓风险，指的是一种损失的不确定性。创业是风险性较大的活动，整个创业过程中的很多决策具有难度大、风险高的特点，而作为创业者，其实就是在高度不确定性环境中进行决策并承担决策后果的人。

此外，由于市场信息的不对称和不完全性，由于运作市场过程中充满了“不确定性”而无法完全做到“确定性”，这就是市场风险。一般来说，创业的成功率在 10% 左右，这就表明创业并不意味着一定能成功。

（五）艰难性

要完成整个创业过程，必须付出极大的努力。要创造新的有价值的事物，就需要大量的时间、充沛的精力和足够的体力。很多创业活动在初期都处于非常艰苦的环境中，唯有不断努力，才能离成功更近一步。

（六）创新性

虽然创业与创新密切相关，有着不可分割的内在联系，但创新不等于创业，创业也不等于创新。从一定意义上讲，创业的本质就是对现实的超越，就是一种创新，其核心在于超越既有资源限制而对机会的追求。

在自主创业的过程中，创新就是一个不断挑战自我的过程，它是创业的源泉和内在动力。因此，作为自主创业者，就必须在创业过程中保持旺盛的创新精神和创新能力，才能不断接受挑战，寻求突破，不断推陈出新，使自己的产品或服务更好地满足人们求新求变的个性化需求，最终获得创业成功。

（七）创造性

创造性是创业最为本质的特征，是创业的真谛。创业具有为个人和社会创造价值的功能，是经济复兴、革新和增长的关键因素，是市场经济富有活力的要求，也是国家充满创造力的表现。

综上所述，创业中的创造性揭示了创业具有巨大的人生价值和社会意义，就是为个人和社会创造价值，只有认识到这一点，才能真正体会到创业的真谛和乐趣。

事实上，许多创业者选择创业的动机主要是追求和实现自我成就感和满足感。这种建设私人王国，对胜利的热情，创造的喜悦才是许多人选择创业的内在动力，这种成就感和满足感会比一个人的购买力和物质财富的拥有大得多。

因此，作为一个创业者，不能把眼光仅仅停留在赚钱上，赚钱只是一个过程，不是目的，创业者心里应该更多地想着为社会创造价值，去推动社会的发展，这样才能感受到别人无法感受到的快乐和自豪，找到创业真正的乐趣。

（八）利益性

驱动创业者创业的根本目的是利益。在通常情况下，风险与回报成正相关关系。创业带来的回报，不仅包括物质的回报，还包括精神的回报。可以说，利益性是创业者进行创业的动机和动力。

（九）发展性

在自主创业中，发展性是可以继承的。所有的创业都应是一个从无到有、从弱到强、从幼稚到成熟的成长发展过程，只有具有一定的发展和存续时间的创业才能成为真正的创业。

由此可见，创业不仅需要胆识和魄力，也需要毅力和耐力，创业贵在坚持和执著，要咬定目标不放松，矢志不渝地付出努力。当然，前提是你所选择的业务或项目确实具有较好的发展前景和盈利空间。

二、思路

（一）运用自身所长

一个人最熟悉、最擅长的就是自身的所长，这是最容易表现出一个人在某种行业的能力和才华。事实证明，在自主创业的过程中，如果能够发挥自己的特长，那么事业是最容易成功的。

①在创业中，选择了能够发挥自己的最大特长的事业。

②在走向创业道路之前，首先要尽可能诚实、客观的分析自己。

③分析自己的特长，能否作为创业时选择行业的依据。

④在创业过程中，了解自己的特长，与爱好相联系，从容地对事业做出选择。

（二）发挥自身优势

发挥自身优势可以从以下内容做起。

①紧随经济全球化、社会信息化的发展，促进科技进步、知识创业等高新技术产业创业。

②强调知识资本化和经济知识化，加强社会生活各个方面的自主创业。

③衡量创业行为的实现价值，扩大自身自主创业的机会。

④运用计算机、通信等信息技术的发展，改变对需求、市场、管理、价值、财富等要领的认知。

(三) 以小搏大、借鸡生蛋、积小利求大成

以小博大，借鸡生蛋是创业的策略，这是白手创业的必修课。第一次创业的人，资金有限，经验不足，有了机会，自己却没有力量去干。在这种情况下，最好能借鸡生蛋，即利用别人的资金关系、组织机构、人员等去干事，事成后参与利润分成。

这是因为人们各有各的优势。有的人有销售渠道，有的人有各种资源，有的人掌握新产品的技术，有的人有经营管理能力等等，在这样的情况下，可以组建创业团队，或者把技术、信息、销售渠道、社会资源、管理能力等作为资本与他人合作，得利后按比例分成。

这种创业策略对于初创业者来说，是很有用的一种，初创业者应尽量避免风险大的事情，尽量用不多的资金投入到风险小、规模也较小的事业中去。等有了一定的资金储备以后，再干大事业。

(四) 选择成长性好的项目

所谓好的创业项目，主要是指适合自己的、符合国家产业政策，重点发展国家产业政策鼓励支持的产业或项目，有市场、投入小、利润大、可持续发展扩大的项目。这些项目能充分利用当地资源优势和创业者自身优势，不盲目追求社会经济热点，以避免决策失误，浪费劳动和投资。

对创业者来说，隔行如隔山，投资不熟悉的行业，需要特别慎重。对什么商品有市场、有前途，什么产品能够满足消费者的要求，知道市场的发展方向，在创业过程中都是十分重要的需要决策的内容。

第三节　创业准备

一、创业思考

大学生通过自主创业可以实现人生价值，是一件非常有意义的事。这可以使大学生在创业的舞台上尽情施展才华，发挥所长，锻炼创业能力，培养综合素质，丰富人生阅历，创造可观的财富。

但大学生要想创业不能简单从事，一定要进行全面的思考，做好充足的创业准备工作。

（一）为什么要创业

大学生在进行创业，首先要回答的一个问题就是为什么要创业?是为了挣大钱成为有钱人？还是为了自谋职业解决温饱问题？是为了不受工作时间限制？还是为了追求自由实现自我价值？是为了体验丰富的人生阅历，还是真心想做一番事业？如果大学生在创业之初，都不能明确创业的目的，那么创业的成功几率就会很小。

（二）创业的内容和方向

大学生在创业过程中，要回答的第二个问题就是创业项目是什么?创业的内容是什么？创业的方向是什么？而我自己又具备哪些实现创业目标的能力，这些能力主要包括现代知识、专业技能、经营管理、项目策划、咨询服务、信息采集等。

此外，创业者还要认真思考自身拥有哪些实现创业目标的资源?创业项目的商业模式是什么样的等诸多需要认真思考清楚的问题。

（三）创业团队如何建设

大学生创业要回答的第三个问题是我的创业团队由哪些人组成?创业团队的人数多少合适？男女性别搭配是否有要求？创业团队成员的专业、年龄和工作经验是否可以达到互补？创业团队的核心人物、灵魂人物、领军人物是谁？创业团队的个人优势和整体优势如何？

（四）创业时机的选择

大学生在创业过程中要回答的第四个问题就是何时开始准备创业?何时正式启动创业项目？何时注册创业公司等一系列问题。

一般大学生创业项目都有个筹备期，要做好创业的提前准备工作，主要包括：筛选创业项目、储备创业知识、训练创业技能、落实创业资金、组建创业团队、制定创业计划、寻找创业场所、设计公司 LOGO、制作公司宣传画册以及了解注册创业公司的有关事宜等。

（五）创业地点的选择

创业新公司注册地址和办公地址的选择也十分重要，目前，政府相继出台了很多涉及税收减免和房租减免的扶持政策，因此，在创业准备时最好能提前了解和研究一下大学生创业的相关扶持政策，比较一下各地区的针对大学生创业的税收、创业资金扶植力度，还要了解清楚办公场地的房租、水电、物业、网络等费用的情况。同时，还要考察一下办公场所附近的商业环境、经营环境、交通便利等情况。

（六）怎样迈出第一步

对于大学生创业来说，一定要思考怎样才能赚到第一桶金，怎样规划创业项目？如何运营创业公司？需要筹集多少创业启动资金？如何去筹措创业资金？如何了解融资渠道或途径？如何整合经营资源等诸多问题。

马云曾说过：创业者要记住梦想、承诺、坚持。该做什么，不该做什么。要给自己承诺，给员工承诺，给社会承诺，给股东承诺。

二、项目筛选

除了创业思考外，还有一个很重要的问题就是要选择适合的创业项目。从以往失败的案例看，其主要原因就是因为没有找到好的创业项目。因此，大学生在创业时，首先就要筛选创业项目，筛选时最好能围绕以下几个关键要素去评估。

（一）市场容量

项目的市场容量在评估过程中很重要，首先，选择的创业项目要大，要充分考虑市场容量，市场空间要足够大，销售规模最好能达到几亿元以上。

此外，还要从行业深度和地域广度去分析，要考虑项目产品的延伸性和拓展性，如果项目的市场容量小，且相互间的市场竞争十分激烈，那么赚钱就会很困难。

（二）市场需求

项目的市场需求要大。选择创业项目时，一定要把握市场需求。市场服务需求越大越好，服务需求越急迫越好，项目服务的购买力越强越好。如果没有市场需求或市场需求很小，那么项目服务就卖不出去，这个创业项目就做不大，公司盈利将十分困难。

（三）准入门槛

在选择项目时，准入门槛要高。目前，国内很多行业都处于生产过剩状态，社会就业形势严峻，因此，很多年轻人都尝试创业。

正是基于此，大学生在选择创业项目时，一定要考虑市场竞争程度，和准入门槛，尽可能减少竞争对手。将目光投向那些科技含量高、专利保护好、软件著作权清晰的项目。

（四）技术水平

选择项目时，项目的技术水平要高，最好能选择有科技含量的高附加值项目，这样不仅能突出自己的专业特长，还能扩大项目的利润空间。现代社会知识和技术发展都很快，技术更新日新月异，大学生选择创业项目时，最好能跟上社会潮流，踏准时代的节拍和步伐，做潮流的达人。

（五）盈利空间

项目的选择，利润很重要，如果选择盈利空间大、附加值高、毛利率高的项目，就能够在同样的创业时间里赚取更大的利润，也更容易获取第一桶金，早日实现创造财富的梦想。

（六）政策风险

选择创业项目时，要多了解和研究近期国家颁布的产业政策，把握国家政策支持的产业发展方向以及对夕阳行业的限制情况，尽可能选择国家政策扶植的产业。

总之，选择项目的政策风险要小。一旦不慎选择的创业项目属于国家政策限制性发展的产业，那么，项目的生命力就会很短，创业的路就会越走越难。

三、资金筹备

一般来说，在创业准备中，没有足够的创业资本，创业项目很难启动，因此，创业资金是大学生自主创业的必要元素，如果想自主创业，就一定要了解清楚筹措创业资金的渠道和途径。

（一）自筹

创业资金最容易募集到的是自筹资金。自筹资金的来源主要包括：大学生自己省吃俭用的存款、从父母和亲戚那里借来的钱、向老师和同学那里借来的钱、向好朋友那里借来的钱。自筹资金是筹集创业资本最有效的途径。

（二）合伙人众筹

如果仅靠自筹的钱去创业，一般也就几万元钱。由于额度不大，很难满足资金需要，而且投资风险也都落在自己一个人身上。

因此，除了自筹外，大学生创业可以多找几个志同道合的同学或朋友作为项目合伙人，共同投资来运作创业项目。这样，一方面可以降低个人的投资风险；另一方面，也可以形成项目团队的能力、专业与经验互补，项目运作起来会更容易成功。

（三）天使投资

大学生募集创业资金的另一个渠道是寻找天使投资。天使投资是指无偿为创业者提供创业资金的自然人或机构。一般情况下，天使投资可以无偿资助的项目金额在 10 万~30 万元，但是必须要有好的创业计划、最佳的创业团队和创新的商业盈利模式。

例如，在美国的天使投资人一般都是成功的企业家、企业老板、大学教授和有钱人。大学生在美国硅谷创业，氛围十分浓厚，这是因为很多创业的高科技企业都已经发展成较大规模的企业，那里的天使投资人很多。

但是，目前在我国，由于大学生创业成功率较低，天使投资人很少。近年来，随着我国经济的高速发展，也派生了一大批像李开复、柳传志、马云这样成功的企业家，他们经过多年打拼，积蓄了财富，愿意充当天使投资人的角色来帮助大学生创业，助他们一臂之力，实现创业梦想，成就一番事业。

（四）风险投资

风险投资也是筹集资金的一种方式，一般是投资机构针对具有高附加值的科技项目进行的项目投资。主要是通过对创业项目、创业团队、创业计划、创业风险、商业模式等诸多方面进行评估后，才会对创业项目进行投资。

尽管风险投资也是创业融资渠道之一，但由于大学生创业团队大多没有实战经验，即使项目再好，创业风险也很大，要想得到风险投资机构的青睐也十分困难。

因此，大学生可以等创业公司经过 1~3 年发展壮大后，再开始进行第二轮融资，这时便可以将风险投资作为融资的首选目标。

（五）创业基金

近年来，很多省市都建立了“大学生创业基金”，帮助大学生创业。因此，大学生可以通过申报创业项目，参加创业大赛，获得一定数额的“大学生创业基金”。

四、市场策略

创业不是纸上谈兵，是要投入真金白银，要真枪实干的，因此，创业是有资金风险的。

但是，大学生不要为此而担惊受怕，而是要在创业前仔细审视创业项目，认真考虑应该采取什么样的市场策略，才能尽快将产品服务推向市场，建立客户渠道，树立公司品牌形象，培育公司的诚信度。

一般来说，大学生可以借鉴和参考的市场战略有很多，主要的包括以下几种。

①技术领先战略。

②成本领先战略：这种策略又称作低价格战略。

③蓝海战略：这种策略又称作差异化战略。

④技术模仿战略：这种策略也称作技术紧跟战略。

⑤市场细分战略。

⑥连锁经营战略。

⑦知识产权战略。

⑧标准战略。

⑨兼并重组战略。

⑩多元化战略等。

由于大学生初创业，没有经验，也没有业绩，更没有品牌形象，因此，竞争实力实在不足，所以，在以上始终策略中，差异化策略是大学生创业项目应该重点考虑的市场策略之一。

五、组建团队

大学生要想创业成功，一支优秀的创业团队必不可少，它是创业成功的关键，对此，我们将在后续章节专门来讲创业团队的组建，再次仅就团队的几个关键条件做梳理。

（一）项目负责人

项目负责人是项目的灵魂和核心，因此要十分优秀，不仅要具备饱满的创业激情和创业成功的信心，还要具有不怕失败、坚忍不拔的毅力。

对于项目负责人来说，应该擅长组织、管理、沟通与协调，同时还应具有一定的专业特长，并积累了一定的社会实践经验。在创业过程中，不仅经营理念要比较超前，而且还要有号召力和凝聚力。

（二）专业互补性

创业项目在运营时，一般都会遇到技术、管理、财务、营销、策划、法律等诸多方面的问题。所以，一个优秀的项目团队，最好能在项目经营时涉及的相关专业领域里配置专业人才，这样就不至于在项目运营时出现人才短板。

例如，有的创业项目搞软件开发，项目团队都是从事软件开发的技术人员，没有从事营销、管理和财务的人，这样的团队组合就不是很理想。

（三）年龄经验相互补

在大学生的创业团队里，如能有一两名年龄稍大且具有工作经验的人最好，而且如果要是能实现男女搭配，就更能融洽工作气氛，各自发挥所长，从而能够更好的完成项目。因此，在人员配置上，一定要考虑团队成员的年龄和性别搭配。

六、选择地点

在创业过程中，选择恰当的地点也很重要，是需要创业者认真考虑的问题。

（一）注册地点的选择

目前，众多的科技园区、大学科技园、创业实习基地等很多地方，都有针对大学生创业的扶植政策，它们包括房租减免、税收减免、扶植资金的支持等。因此，大学生最好能将创业公司的注册地点选择在能享受到国家和地方政府优惠政策的地区。

（二）办公地点的选择

对于办公地点的选择，最好要先期进行考察，然后再确定。如果创业项目属于设计策划类项目，那么公司最好选择在密度较高的商务写字楼里办公，因为那里购买服务的需求会比较多；如果创业项目属于科技类的项目，最好选择在科技园区、科技企业孵化器、大学科技园里办公，那里科技氛围较浓，商业信息也较多；如果创业项目属于商业类项目，那就要多考虑办公地周边客流量大的地方，选择在商业圈等地段。

七、确定盈利模式

彼得·德鲁克曾说过：企业之间的竞争早就不是产品之间的竞争，而是商业模式之间的竞争。因此，创业项目的商业盈利模式，是创业前需要认真思考的问题。只有能赚钱的商业模式，才能保证公司赚钱，才能使公司快速、健康地发展，才能使创业早日成功。

对于大学生而言，可以借鉴很多成功的商业模式，然后确定自己的商业模式。一般来说，常见的商业模式主要包括以下几种。

①“鼠标+水泥”的商业模式。

②服务外包的商业模式。

③连锁经营商业模式。

④免费服务由第三方支付的商业模式。

⑤中介及经纪人商业模式。

⑥版权销售的商业模式等。

在市场竞争日益激烈的今天，创业项目一定要有自己独特的商业模式。

八、调整心态

在创业实践活动中，不论什么人都不会是一帆风顺的，可以说，创业能够带给创业者快乐，同时也会带来很多迷茫和困惑，创业路上的困难、艰辛和坎坷会打垮从事创业的探路者。

所以，创业者在创业前一定要调整好心态。公司赚钱了不要骄傲，不要飘飘然，不要为利益产生矛盾；公司赔钱了也不要气馁，不要抱怨，在困难面前，要团结一致地坚持走下去。为了实现创业梦想，为了实现人生价值，为了更好地回馈社会，只要保持一颗淡然的平常心，将创业生涯作为丰富人生的一段经历，努力驾驭好创业风帆，就一定会有丰硕的回报。

第五章　国内外创业实况分析

联合国教科文组织提出，必须将创业技能和创业精神作为高等教育的基本目标。当前是知识经济时代，创业已成为发展的源动力，迫切需要具有创新精神和创造力的人才。

第一节　发达国家创业活动及教育现状

一、美国

美国在创业教育的实践探索中积累了丰富经验，培养出许多具备创新能力的人才，推动了社会经济的蓬勃发展。

（一）高校创业教育与社会创业活动

以高校为例，20 世纪 90 年代以来，创业为美国经济增添了活力，在美国历史上，经济高速增长，哈佛商学院的学生至少修过一堂创业课程。而哥伦比亚大学正在研究创业议题，设立创业研究中心，经费高达数百万美元。

可以说，创业从来没有像现在这么生机勃勃。再比如像亚马逊书店这样的创业成功案例，更使得创业成为年轻人的新梦想。美国创造了大量就业机会，支撑了经济几十年的持续和强劲发展。

从考夫曼基金会资助的全国创业中心协会课题——《创业中心主任成功经验》报告中，我们可以了解到在美国的创业课程中，创业教育除教授创业财务、行销、会计，安排学生与当地创业家与投资者接触，还要求学生完成一份创业企划书，这通常就是学生未来真正的事业。其中，最好的有 9 所著名大学，分别是百森学院、贝勒大学、卡耐基梅隆大学、德克萨斯大学的 IC2 学院、仁斯里尔理工学院、科罗拉多大学波尔德分校、芝加哥的伊利诺大学、大学城马里兰大学、宾夕法尼亚大学沃顿商学院。

（二）大学生创业计划竞赛

这一计划又称为“商业计划”，是创业者针对某一项新产品或服务进行风险投资的可行性商业报告，这种项目具有市场前景，并能取得风险投资。

这种大学生创业计划竞赛不是单纯的专业比赛，而是以实际技术为背景的一种综合实力的较量，是高等院校与现实社会和大学生与企业之间的互动与沟通。

创业计划竞赛采用实际运作模式，参赛者组成优势互补的竞赛小组，提出产品或者服务，通过研究调查市场，完成一份完整、具体、深入的商业计划。

目前，每年美国都有包括麻省理工大学、斯坦福大学等十几所世界一流的大学举办这一竞赛。不仅如此，麻省理工大学的创业竞赛吸引了一大批优秀的投资家、律师、会计师、咨询师等参与他们的活动，为他们出谋划策。

但是，由于高科技产业存在技术风险、市场风险、管理风险，因此，应该对未来企业的管理做出最周密的筹划。

（三）创业风险投资

目前，美国的风险投资是一个由风险资本家、风险投资家、各种中介机构组成的高效运作的市场，在投资过程中，政府不再参与具体的运作，风险企业都具有了较强的市场意识。不仅如此，美国私人权益资本市场也是整个资本市场的重要组成部分，它一般具有 4 种形式。

①私人权益资本市场。

②天使市场。

③非正式的私人资本市场。

④114 法规私人权益市场。

通常，天使资本市场规模很小，本身既拥有大量资金，又拥有一定的管理经验。非正式的私人资本市场，由没有受过专业训练的投资管理专家直接操作。投资的资本权益并不集中在外部投资者手上，内部投资者占相当大的股份。

二、英国

（一）青年创业计划

1.特色

英国青年创业计划有 3 个鲜明特色。

（1）提供发展债券式的创业启动金

创业者可以从银行商业贷款、小额信贷、政府或其他机构的无偿资助三种渠道获得创业启动金，英国青年创业计划，提供发展债券式的创业启动金，针对青年人特点，支付的利息通常低于银行利息，以青年人的信用为担保，以促进经济和社会发展为目的，进行债券式的投资资助方式。

（2）提供一对一的创业辅导

这主要是指由创业导师陪伴青年创业，为青年创业者提供一对一的创业辅导，这些创业导师通常由经验丰富的企业家或职业经理人志愿担任。他们具有以下特点。

①为青年提供经验、专业知识、技术、网络帮助。

②是青年创业者的朋友、师傅和向导。

③不图名利、志愿奉献。

④能够赢得青年的信任，保证了成功率。

2.运行和管理体制

青年创业计划的工作流程大致有以下几个阶段。

①基层宣传。

②面议咨询。

③商业计划设计。

④专家小组评审。

⑤资金中请。

⑥导师分配。

⑦工商网络支持。

⑧跟踪服务。

3.意义

（1）人才培养意义

青年创业计划解决了青年就业问题，培育了青年企业家，增强就业能力，对经济和社会的积极影响。在计划中，社会资源共同支持青年创业，提供辅导、咨询和培训、举办专题研讨等一系列全方位、网络化的支持，把弱势青年扶持成为青年企业家。

(2) 经济效果意义

青年人创立的中小企业，有利于促进就业，促进经济链条的良性循环。影响并解决青年就业创业问题，体现社会责任感，促进了社会的不断稳定和融合。

(3) 社会理念意义

青年创业计划培养了新的企业家和社会责任感。创造了让成功企业家引导和培训青年企业家的模式，有较强的教育功能，是一个可持续的双赢项目。

（二）高校创业教育与创业活动

在高校创业中，影响最大的是被称之为新“剑桥奇迹”的“硅沼”。“硅沼”之名，得自剑桥周边信息技术企业所在的那片沼泽地，与美国“硅谷”并称。几年间，这里年收入 30 多亿美元，出现了 1000 多家高新技术企业。

此外，20 世纪 60 年代，剑桥大学科研与企业相结合，科学园兴起，和企业之间建立起明确的联系，为 4000 多人提供了就业机会，被称为“剑桥现象”或“剑桥奇迹”。

三、法国

（一）青年挑战计划

1.特色

法国青年挑战计划特色如下。

(1) 政府提供资金支持

青年有了创新创业想法后，可以向当地的青年挑战计划办公室提出申请。申请审核过程如下。

第一，青年向当地计划办公室提出申请。

第二，青年挑战计划定期组织评审委员进行评审。

第三，只有那些通过评审的项目，才可以获得资助。

第四，该计划在资助项目时，还要求青年人必须从其他渠道自筹现金或实物。

⑵ 鼓励创新

青年挑战计划的宗旨是提倡创新氛围，让青年人发现潜能和创造力，设计、评估，奖励、宣传都以创新为出发点，并将创新性作为项目的首要要求。

此外，重视利用奖励机制，利用国际艺术节和漫画节等国际会展，宣传创新精神。将获奖者事迹编辑成册，广泛宣传，促进青年人之间的交流互动。

⑶ 政府跨部门的联合与合作

青年挑战计划实行跨部门合作，由青体部牵头实施，多个部门共同、多渠道推行。这种合作方式有利于整合培训、就业、创业等各方面的政策和资源，形成合力。可以说，通过开展青年挑战计划，政府部门之间以及中央和地方之间的合作能力和政策水平也得到了提高。

2.运行和管理体制

在运行和管理体制上，项目联系人既是社会工作者也是心理工作者。法国的青年挑战计划，是由项目联系人来完成的，没有一对一的创业辅导导师。

可以说，在专业技术指导方面，这种经验支持，计划的实施、协调和管理，项目联系人是专门负责的。对于创业过程中的专业和心理问题，项目联系人及其地方派出机构的专职工作人员帮助他们解决。

具体来说，他们主要依靠当地资源建立网络为青年人寻找专业咨询、培训和支持，涉及的有关费用由青年挑战计划负担。这些资源主要包括培训机构、工商管理学院、商会和文体协会、咨询公司等。

3.意义

青年挑战计划的意义在于它探索了一种为青年就业服务的新方式。在理念方面，较好地激发了青年的创新和自立意识，通过项目竟标和社会化实施，增强了青年人对所在社区的参与感和责任感。

这一项目针对法国青年中存在的疏远社会的现象，青年人发挥能动性，通过鼓励青年人在社区创建项目，使他们能发现自己的潜能和特长，可以说，激发青年人的创造力，促进青年人与所居住的环境建立和增加联系。

青年人掌握了新技能。在这一过程中，融入社会和投身事业，提高了参与兴趣和责任感，促进了社会的融合。

此外，青年通过这一项目，认识到技能和沟通的重要性，更看重培养自立能力和责任感，找到适应自己的生活方式，是一种积极的公民教育项目。

（二）青年创业活动

1.青年网站

1998年，马蒂厄洛德霍和另外几个大学生，创建兄弟网络协会，目前已超过150个。“青年挑战”援助兄弟网络协会，聘请了3个工作人员，兄弟网络协会由大学生们创办并经营，宗旨是新技术不应由商业或金融领域垄断。

2.青年“大篷车”

25岁的亚力山大·里昂德和他的伙伴，每周为医院和养老院的老人演出，并与老人展开对话、聊天。节目深受老人喜爱，丰富了老年人单调的生活。“青年挑战”对这些青年人都非常信任，并向他们提供了不少建议，而那些最开始困惑不解的人，也逐渐开始对他们加以鼓励。同时，这个项目还可以为希望参与的喜剧演员提供就业机会。

3.青年科技创业

克里斯戴尔作为公司的领导成员，在银行安全领域进行技术研究。克里斯戴尔认为，事实上几乎所有的事情都要比想象中困难。

克里斯戴尔任职于一所商业学校，凭借她的科学和管理硕士文凭，在加拿大生活了一段时间，不久后，她投身于银行安全这个研究领域，继续工作，由于自身原因，她联系了一些醉心于电子和信息技术的朋友，发明了一种用于银行安全系统的人体测量高科技识别技术，组建了和风科技公司，并在同时，创造了5个就业机会。

克里斯戴尔认为，由于公司坚持履行自己的承诺，并告知他们她的项目规划，在投资方的眼里，公司完全有能力直面现实、正视困难，因此，克里斯戴尔才能带领企业一步步走向成功。现在，公司的信誉随之升高，下一步的目标是在生物统计技术方面成为欧洲的典范。

（三）法国创业风险投资

在法国的创业资本中，有200余家创业投资机构，而大型工业企业中，仅有 10 家左右。分析来看，上述状况导致了美、英国家养老金资本的流入。法国现在够得上国家级规模的少，再加之创业资本的数量相对不足，非本土公司的投资比例在稳定地增长，这是法国当前面临的困境，影响了创业投资的发展。

在技术领域中，法国创业资本公司投资相对稳定，但在创建阶段，保险业者投入创业资本的金额与其经营的资本相比几乎微不足道，然而由于它的总量很大，只有两家公共工业集团具有自己的创业资本机构。因此，对于风险资本市场，是严重的问题。他们仅将其资本中极少的一部分投入法国的创业资本，很危险。

四、德国

（一）创业教育

从社会发展趋势看，21 世纪德国人缺乏的不是创业知识、创业能力，而是“创业精神”。

随着知识经济社会的到来，德国人明确提出，大学生创业最为缺乏的是独立精神，社会经济越来越需要更多的运作灵活的创新企业和产品，高等院校要成为“创业者的熔炉”，德国政府已在全国 12 所大学中，设立创业学首席教授的职位，并呼吁在全国范围内，创造一个独立创业的环境。

对未来，他们认为，独立创业劳动力市场，有利于高校毕业生的发展，正基于此，有必要建立一个相对完备的教学研究单位。

（二）创业风险投资

在欧洲国家中，德国的创业投资与美国的风险投资不同，1996 年，德国是风险投资比较发达的国家，全行业共有近 100 家创业投资机构，但并没有集中在高新技术领域。

尽管创业投资额达 13.7 亿马克，但其中在电子信息和生物医药方面的投资，不到总投资的 1 / 4，从投资的退出方式看，美国的这一比例高达 80% 以上。此外，德国投资对象，从创业投资家手中购回企业股权占的比例最高。

（三）创业投资面临的问题

从德国创业投资环境来看，德国的创业投资业起步较晚，德国的银行体制是一种传统的开户信贷银行体制，缺少活力，发展速度缓慢。首先，分析来看，德国创业投资业欠发达局面的主要原因，包括社会、税收、经济、金融和资本市场诸方面。

虽然近年来德国银行界在发放信贷时不断降低对企业的高风险创新计划，但银行往往偏于保守，其显著特点使企业和银行之间的信贷关系，控制在有限范围之内，建立在一种互相信赖、长期稳定的基础之上。此外，造成这一问题的原因，是在无法做出正确信贷风险评估之前，将信贷造成企业无法获得足够资金。

其次，从运行成本来看，在税收方面，德国用于创业投资的附加费用过高。政府对不同的投资形式给与不同的优惠条件，阻碍了创业投资市场的发展。

创业投资机构进行投资活动时，导致各种投资方式之间相互关系发生畸变，除去用于向信贷机构再筹资的费用之外，德国对生产资料的投资得不到扶持，当创业投资规模较小时，还需在创业投资的启动、运转、监控、调整、股权转让等各方面投入资金。再加之，由于产品开发初期资金需求量相对较小，这些费用在整个投资中所占比例就相对过高。而资讯、监控工作量大且专业程度高，在创业投资的早期阶段，这一问题就显得尤为突出。

第三，从思想认识上来讲，德国绝大多数企业，不愿让竞争对手、职工和合伙伙伴了解企业内部经营情况，习惯于将企业视为个人家产的重要组成部分，特别是所有者视接受外来资金为危险。

正基于此，德国绝大多数企业对此都有恐惧感，这种思想上的防备与间隔，也成为大多数企业创业投资发展的阻碍。

（四）投资优势

1.政策优势

在德国金融市场，为方便信贷机构及所属股票投资公司的创业活动，允许创业投资公司采用股份公司、股份有限公司、两合公司以及股份两合公司的法律形式注册经营；放宽了相应的限制，取消政策交易必须公开报价的规定。

不仅如此，德国证券股份公司还借助因特网，将创业投资机构纳入投资公司的征税条例适用范围，并将优惠政策的使用范围扩大到投资公司，将强制性持股最短期限由 6 年减为 1 年。在德国重建银行协助下，许多企业进行了非上市公司联网买卖试验。

2.市场优势

在德国，为改善中小企业上市条件，在联邦政府支持下，德国证券股份公司在近年又开办了很多新的股票交易市场。对于股票交易与融资等业务提供了市场。

3.税收优势

在德国金融市场，免征创业投资公司商税，并对用于新一轮创业投资的股权转让收益免征税。此外，对于继续经营（至少 5 年以上）的遗产企业的遗产税征收标准核定为一级。

此外，德国还取消了财产税和营业资本税，这对于新时期下股离创业，提供了税收优势。

五、澳大利亚

（一）教学思想

澳大利亚的教材中的主要模块之一是“自我完善”，在教学思想中，学生是教育主体。这主要是指通过对学生个人素质的评估、探索与开发，教学重点在于受教育者个人潜能的挖掘和综合素质的培养。

在创业活动中，鼓励增强创新、创造能力，使学生全面地了解自己，能根据市场需求，较为客观、正确地确立自己的位置。

（二）教学目的

在澳大利亚，创业教育不以单一专业知识或技能的传授为目的，而是在教学过程中，采用大量的案例启发学生，使学生在学习过程中，能够通过自己的分析和研究树立起正确的创业思想，激发创业兴趣，从而进行准确的自我定位和自我创业设计。

（三）课程结构

在澳大利亚的创业教育中，采用的是分层次的模块化课程结构。首先，在基础阶段，就要求创业者对创业教育的几个基础模块都进行学习，通过学习进而了解自己、明确目标，然后再根据自己的特点，有针对性地选学更为深入的内容。

（四）教学方法

澳大利亚的主要教学方法，是结合本地经济发展的实际、以案例研究为导向。在创业教育中，结合个人情况学会发现问题和寻求解决问题的方法。在教学过程中，通过对案例的分析与研究，教师启发学生，提出有针对性的问题，然后在学习过程中，让学生深入分析创业环境、条件和过程。

（五）评估考核

评估考核不仅是检验教学质量的举措，也是开展教学的重要方法，因此在教学过程中占有十分重要的地位。对于教师而言，如何通过课堂问卷，对学生个人情况进行调查，并做出评定，从而进一步提出有针对性的素质教育纲要，都是很重要的教学内容。

六、日本

（一）高校创业教育与社会创业活动

日本创投业（VC）对初创公司支持甚少，这对高科技的发展极为不利。从政府的政策引导方面看，应该说，近几年以来，在观念上有了进步。譬如已经在试图向美国学习，逐步提高证券市场的开发程度，放宽并购限制，增加政府对高科技研发的经费，推动劳务市场的流动等。据《日本经济新闻》2016 年 10 月 21 日报道：日本 “1981 一代” 年轻创业者引人关注。随着 IT 技术进步，网络众筹普及，日本环境更适于创业。但与全球其他国家相比而言，依然存在着差距。

世界银行发布《全球商业环境报告(Doing Business)》。2016 年版显示营商环境排名，日本在 189 个国家和地区中位列第 34,“创业难易度”排在第 81 位。

在东京注册公司要办理 8 种手续,需 10.5 天,排在第 1 的新西兰仅办 1 种手续,半天完成公司注册。差距一目了然。

此外，日本高等学校毕业生的价值观念越来越接近硅谷文化。在今天，日本名校毕业生不再向往到大公司或政府机构工作，而是希望自己创业或进入初创公司去磨练一番。这种观念意义上的演变，将在今后释放出无法估量的“物质能量”。

（二）政府举措

《青年自立·挑战计划》综合了日本各中央省厅关于青少年就业的对策，2003 年，日本召开了会议，授权发表了日本《青年自立·挑战计划》（以下简称“计划”）。该计划专门研究如何支持青年就业和创业问题，受到各方好评。

该计划将年度报告《关于 2003 年经济财政运营及结构改革的基本方针》纳入政府工作报告中。近年来，该计划中的“实务·教育连接型实践训练系统”，是日本政府为促进青年就业和创业发表的一个重要政策文件。比如，每周的前半周在企业实习，后半周在学校接受培训，以便掌握企业正式员工所必备的知识和技能。

此外，这项计划具有开创性意义。对企业和民间力量在促进就业和创业上的合作提出了较高的期望，特别是将高中毕业后工作无着落的青年作为实习生招聘到企业工作，还要求企业不要因循陈旧的招聘和用人方式，扩大试用制，又让学生在专科学校或公共职业训练学校等教育机构接受必要的就业训练。

当然，《青年自立·挑战计划》在许多方面仍存在不足。比如，该计划要求各都道府县因地制宜地设置针对青年求职者的一站式就业服务中心，提供就业信息、实习机会、政策咨询等服务，以推动青年就业，但没有提及国家对此有何具体支持措施。

还有，该计划没有针对安排青年就业的人数提出具体数值目标，这是缺乏自信的表现。此外，该计划涉及预算安排将逐步明确，但日本财务省当前最优先考虑的课题是财政改革，能否为该计划的实施安排足够的预算，尚不明朗。

在协调体制上，尚没有一个成形的实施计划，比如计划的每一部分由谁负责落实，具体如何推进等，因此导致管理混乱，势必相互牵制，导致该计划的推进滞缓。

（三）创业风险投资

日本创业投资机构以京都经济同友会为中心，近年来先后经历了两次创业投资热，现如今，政府已经把促进创业企业发展，当作提高综合国力的重要发展战略。

日本国内经济发展达到了一个新的阶段，创业投资发展迅速，除了美国创业投资的示范作用外，究其原因，还因为他们开发了一系列新的创业企业。通过研究能够看出，这些新企业，具体包括如下内容。

第一，诸如计算机、集成电路等，开发集约产业。

第二，主要包括通信设备、公害防止设备、办公设备、数控机床等先进组装产业。

第三，时尚产业。

第四，知识产业。

为了促进投资发展，日本将以上这些产业列为知识集约型产业，此外，日本政府采取了以下一些相应的措施，巩固中坚产业。

⑴ 精灵投资税制。精灵投资是的适用对象，必须满足相应的条件，作为精灵投资，其目的是减轻这些个人投资家的投资风险，是指向创业企业提供资金、进行经营指导的个人企业家。

其税制有以下三个特点。

第一，5 年之内的中小企业。

第二，试验费占销售额 30% 以上。

第三，未登记的上市公司。

⑵ 企业年金、证券投资信托运营限制放宽。除了精灵投资外，日本政府将企业年金、证券投资信托的运营对象也做了相应的扩大，证券投资信托协会的运营限制也相应放宽。

⑶ 投资事业组合制度的改革。为了将作为民法特例的有限责任投资事业组合制度法制化，日本国会以促进向中小企业引进资金等，充实其资本。

七、韩国

在韩国，大学生创办风险企业大致有两种方式，其一是依靠各大学学生自己组织的“创业同友会”创办；其二是依靠各大学的“创业支援中心”创办。

在韩国政府的推动下，创业热潮逐步形成，“创业同友会”和“创业支援中心”都得到韩国政府的大力支持，政府为他们的活动提供必要的活动经费。

例如韩国 EMAGNET 游戏软件开发公司 24 岁的女社长金善洙，她的人生信条就是“由我来做也许会做得更好”。金善洙休学来开创自己的事业，他认为能够从事自己想做的事情，是非常有满足感的。”

八、新加坡

新加坡政府贷款 10 亿美元，推动科技企业的发展和科技实业家的培养，并同时建立科技企业家投资种子基金。以此来吸引更多的创业基金公司到新加坡投资。

此外，新加坡还实行“科技公司培养计划”，这一计划与科技企业家投资种子基金相辅相成，前者主要针对商业潜能较强的科技公司设立，强调导师的管理、指导及援助；后者则偏重于通过奖励方式来提高回报，激励更多的专业人士投身创业或创业基金公司对规模较小的起步科技公司进行投资。

通过新加坡的科技企业家投资种子基金，我们可以看到，政府对促进科技企业的发展有着十分重大且意义深远的影响。

第二节 我国高等院校创业教育

一、基本定位

（一）基本内涵

在我国的创业教育体系中，我国创业教育，是同素质教育、创新教育和创造教育一体的，体现了一种培养人的综合素质与创新能力的教育，对于高等院校来说，是一个广泛的概念。

创业教育包含市场知识、创业技能的学习和培训，既包含综合文化素质、专业知识，也与具体创业技能息息相关。可以说，在我国的教育体系中，创业基本素质可以看作是对创业教育的狭义理解。其中，技能、品质、个性、才能、创造性等的培育和提升，都非常重要。

“三创教育”是一个有机统一的整体，它是创新能力和创造能力的体现，同时也是创业能力的本质和支撑，

（二）基本精神

近年来，我国的创业教育不断发展，多样化的人才培养，从素质教育到创新教育再到创业教育，全面铺开。这是一种以教育现代化、教育大众化、教育国际化为背景的现代教育。由此可见，对于我国当代高等教育而言，对于创业教育，正在不断地深化改革，多元化是其理论基础，个性化教育是其基本精神，发展是其重要目标。

（三）基本定位

在市场经济条件下，就目前我国的创业教育来说，在我国高等院校的创业教育中，创业教育是素质教育的深化与发展，以深化学分制为重点，是素质教育的体现和落脚点。以深化素质教育为核心，是全面培养高素质创新人才的总体性教育。

它的具体形式由基础理论和实践操作两个层面构成，主要内容是大力培养大学生的创业精神、创业意识、创业能力和创业技能，并在此基础上进行专业教学体制的改革。

二、运行机制

（一）确立创业教育意识

我国高等院校确立创业教育观念，要通过大力宣传和积极倡导，树立责任意识，确立以培养创业基本素质为核心的教育观，要通过推进主要领导负责制，尽快转变高等教育理念，鼓励各单位或部门开展创业教育，深化改革高校人才培养模式，要将创业教育的思想渗透到教育的各个方面，从就业教育转向创业教育， 贯穿于教育的全过程中，全面培养大学生创业意识、创业精神、创业能力和创业技能。

（二）纳入人才培养体系

在人才培养目标方面，创业教育是与学生的事业选择和成长道路直接相关的，因此，我们要以人才培养的高度来规划创业活动方向。创业教育必须逐步纳入学校的人才培养体系，配合学校的培养目标，并在教育活动中，整合教学、科研、产业等方面的资源，使参与活动的学生受到创业者起步阶段的基本训练。

因此，学校一开始就应当储备创业基础知识和创业技能，对学生创业活动给予极大的关注和支持，同时培养创业精神和创业意识，积极制定政策措施，鼓励跨学科、跨专业，充分发挥学生的自主性、创造性，应培养学生综合创业素质和企业家素质，鼓励科技创新等创业实践活动，不拘泥于所学专业，发挥个性特长，开展各类创业实践，并将这一教学任务纳入高校人才培养体系，培养出高素质的创新型复合人才。这样，学校才能获得更大的发展空间。

（三）建立高效的运行保障机制

高校开展创业教育，应全面推进素质教育系统工程，要形成科学合理的机制，深化素质教育改革，学校要通过深化改革，大力培养学生的创新精神，同时不断加大教师队伍建设，学校师生和社会应当形成一股有效的合力。

与此同时，创业意识、创造能力和创业技能，也都非常重要，学校要优化师资配置，定期考核，培育和提升学生的综合人文素质和国际竞争能力。还要有计划地吸收有实践经验的企业经营管理和技术创新人才，同时，学校还要让这些社会精英加入教师队伍。

（四）建立规范的评估机制

要想做好创业教育，其重点在于基础层面，首先，“三创教育”必须贯穿于基础和专业教育之中，而专业教育又要以基础教育为基石，在此基础上充分调动教师的积极性，发挥专业教师在创业教育中的主导作用。具体来说，包括如下几点。

1.要增强教师的创业精神和创业意识

在创业教育中，学校要强化对教师创业观念、创业技能的培训，不断提高教师创业教育的业务素质和参与创业活动的积极性与主动性，充分发挥教师在创业教育中的主导作用。

2.建立合理的评估机制

在创业教育中，高校有必要将教师的业务素质、工作业绩与个人利益紧密联系起来，对教师进行教学质量评估，通过考核等级、津贴报酬等形式予以奖励和表彰，加大对那些在创业教育方面做出突出贡献的教师的激励力度。

3.重新构建科学规范的师生评价体系

教师评估体系应逐步增大指标比重，增设创业教育的内容和相应指标，评估的标准要从多方面进行考察。

①运用知识解决问题。

②获取、处理信息。

③创新能力。

④合作竞争能力。

⑤知识技能相结合。

以上五条为标准，同时，设立考核体系。重视评价与激励机制的建立。改变评价学生的质量观，改变评价模式，逐步建立其能够体现创新意识和能力的评估方法和标准。

4.建立有效管理机制

在我国目前的高校创业教育中，要对创业教育的教学计划、教学质量、实施过程、实践环节和成果业绩加强宏观管理，实行有效监控、信息反馈和科学评估。

三、教学体制

(一) 深化学分制体制改革

目前，在我国的教学体制中，要组织教学管理人员进行深入研究，学分制是个性教育的基础，因此，积极推进学分制教学管理体制改革，是评价大学生发展的体制保证，可以为学生创造个性发展的良好空间。

因此，解决学分制教学改革中遇到的深层次问题，对于我国目前的创业教育来说，可以有以下几种措施，它们都有助于进一步修订和完善教学体制。

①积极推行弹性学制。

②积极发掘课程资源。

③积极推行因材施教，促进学生多元化个性发展，为学生个性发展提供宽松的条件与空间。

（二）实现教学形式融合

当前，我国高等院校应在学分制的平台上，逐步建立起教学管理和人才培养的顺畅流转，在一定范围内，打破形式限制，逐步实现各种教学形式的融合与互通，为学生个性成长创造宽松环境和充裕条件，构建个性化的教学体制，不断拓宽学生的知识视野，为学生提供更多的就业机会。

（三）推进教育信息化

要强化校园网、电子图书馆、多媒体教室等现代化教学环境的建设，整合资源、提高效率，教育信息化是一项深远意义的重大教育改革，而且能够促进教学现代化、教材多媒体化、学习自主化、管理自动化、实验虚拟化等建设。

要加强校内外实践基地建设，它将影响整个人才培养过程，是创业教育重要而有效的手段，能够为广大师生使用信息技术创造条件。

此外，应该大力推广网络教学，增加综合性、设计性、创新性实验，实现实验方法和手段的先进性，建立实践基地，在现代科技发展和现代教育技术发展的平台之上，，突出学生实践能力、创新能力的培养，要注重更新实验设备，要将计算机辅助设计、网络技术和仿真技术引入实验教学，积极应用现代教育技术手段，注重实验教学与科研课题的结合，不断拓宽远程教育合作领域，开发多层次、自主设计的创业实践系统，不断进行教育手段与方法的改革。构建远程教学平台，积极开发远程教学资源。

（四）深化改革教学内容与课程体系

我国高校在创业教育方面，要深化各专业教学改革，为创业人才的培养奠定素质基础。因此，必须继续深入开展素质教育，全面培养和提升基础知识教育和专业教育，并在其中加入创业精神、创业意识、创业素质和创业技能的培养。

对于创业教育来说，要强化基础知识和专业教育学习，并同时在其中融入创业知识，深化专业理论和实践。要构建综合化的课程体系，设置综合课程，重新组合各种相关学科知识，创立跨学科、边缘学科课程增加前沿新知识和现代科学技术内容。从而为学生今后走向社会，开始创业打下扎实的基础。

（五）强化创业实践活动

在创业教育中，要努力探索，将专业实践教学与创业实践活动紧密结合起来，加强实验室建设，强化各项技能与素质训练，切实加大对实验教学内容和课程体系的改革力度，积极探索和改革文科实践性教学的领域和形式，大力开展案例教学和模拟训练，更新教学内容，增加实验项目，增强学生的自主性和创造性。

此外，高校还应为在校大学生积极营造创业环境和氛围，可以邀请杰出创业者、优秀企业家现身说法，介绍经验，激励学生的创业信心，进一步拓宽思路、开阔眼界。此外，还应该努力提供必要条件，积极组建创业社团、创业园区、商业服务区等，大力扶持学生社圃开展科技和创业活动，充分调动学生参与创业实践的积极性。

对于政府而言，还可以建立“创业种子基金”“科技项目孵化基金”等，为他们提供优惠政策和物质条件，以此资助学生的自主设计，从而让学生体验商业经营、技术服务、科研开发、成果转让等创业实践活动，锻炼学生的动手能力和创业能力，增强学生的创业经验。

四、发展状况

截至目前，中国高等院校创业教育的发展大致可分为三个阶段。

（一）各高校自主探索阶段

这一阶段主要是指从1997年至2002年。这一时期，许多高校都进行积极的自发性探索。如清华大学于1998年，发起首届“清华大学创业计划大赛”；1999年，团中央、中国科协举办全国首届“挑战杯”大学生创业大赛；同时，上海复旦大学开始尝试将学生创业教育融入教学之中，让学生获得创业的基础知识和基本技能，并设立专项基金，支持学生参加社会实践和科技创新活动；华东师范大学尝试开设“创业教育课”；武汉大学则通过实施“三创”教育来提高教学质量等。

此后，国内其他高校也纷纷采取相应措施，举办大学生创业计划大赛，开展创业教育，支持创业活动，大学生中涌现出一股前所未有的科技创业潮。

（二）多元化发展阶段

近年来，越来越多的大学生投身创业。从 2002 年开始至今，这一期间，教育部正式发文确定清华大学、北京大学、中国人民大学、北京航空航天大学、上海交通大学、南京经济学院等 9 所高校为创业教育试点院校。教育部、高教司举办了“教育部创业教育骨干教师培训班”，邀请澳大利亚创业教育专家 Peter Sheldrake 来华讲学，2002 年至此，创业教育进入政府引导下的多元化发展阶段。具有代表性的院校如下。

①复旦大学就一方面采取各种措施鼓励教授创办企业，实现科研成果的产业化，另一方面，则设立专项资金，支持学生的社会实践和科技创新活动。

②南京财经大学以活动促进创业教育，开展普及性科技活动，增强学生创业兴趣，提高创业意识和能力。

③北京航空航天大学专门成立创业管理培训学院专事创业教育，设立创业基金鼓励支持学生创业。

④上海交通大学则利用两个课堂开展创业教育，开展创业活动，定期举办创业沙龙，邀请创业成功人士组织座谈交流。

⑤西北工业大学则采取“四结合”促进创业教育。

⑥西安交通大学则以社团活动为载体进行创业教育，鼓励学生参加各类学生社团活动，培养团队精神、参与意识和竞争观念，增强适应能力和实践能力。

⑦黑龙江大学为开展创业教育，专门成立了创业教育学院，并组成了由校领导担任组长的创业教育领导小组。为学生配备学业导师，组织学生开展各种创业活动。

⑧中国人民大学则将创业教育与素质教育有机结合。通过素质教育平台培养创业意识，完善综合素质，倡导参与式教学，鼓励创新思维和各种社会实践。

⑨清华大学、北京大学、南京大学、上海交通大学、西安交通大学、武汉大学、西北工业大学、黑龙江大学、南京财经大学、深圳大学、温州大学、杭州电子工业学院等一大批高校纷纷举办大学生创业大赛，推行创业教育，中国大学生中掀起了一股科技创业热潮。

（三）双创教育突破阶段

教办〔2010〕3号《教育部关于大力推进高等学校创新创业教育和大学生自主创业工作的意见》正式提出双创教育教育理念，明确双创师资、课程体系、实践平台建设要求，到“十三五”规划第七章深入推进大众创业万众创新，双创再次写进纲领性文件。从“政府支持”“产业发展”“金融支持”“中介平台”“研发环境”“人才环境”多个方面建设，使得社会创新创业生态环境逐渐完善，“大众创新、万众创业”更是深入人心，渐成鼎沸之势。

五、教育类型

（一）以课堂教育为主导

这种课堂类型的范例，可以中国人民大学为例，通过开设“企业家精神”“风险投资”“创业管理”等创业教育课程，将第一课堂与第二课堂相结合，强调培养学生创业意识。

还可以武汉大学为例，它以“创业教育”试点为契机，不断探索具有鲜明特色的创业人才培养之路，并将“创业教育”渗透到学习生活之中，并不断加强实践教学环节，鼓励学生在实践中增长才干，服务社会。

（二）以提高学生创业知识、创业技能为重点

这种类型的代表性院校是北京航空航天大学。北京航空航天大学有专门从事创业教育研究与实践探索的教师和专门机构，此外还设立了300万元创业基金，用于学生的创业融资。

此外，他们还不断邀请创业企业家来校进行经验交流，为学生提供交流平台，增强创业感受，丰富创业知识，提高学生的创业兴趣和创业意识。在教学方式上，北航采取讲授与实践相结合的方式，如果学生能够提交有实际应用价值的 创业计划，在经过专家评审之后，即可得到3万元的创业基金。

(三) 充分利用地方特色开展创业教育

这种类型较为典型的是温州师范学院。温州市场经济繁荣，民营企业发达，而且温州最重要的是一种强烈的致富欲望和艰苦创业的精神。许多温州的企业家都是艰苦创业起家的。他们的成功固然与商机有关，但更重要的是创业精神。

具体来说，温州人的创业精神可概括为以下 3 个特点。

①特别能吃苦。吃苦耐劳是温州人的骄傲，不畏劳苦，艰苦创业，是温州人的执着追求。

②特别具有冒险的创业精神。温州人拥有创业的闯劲，在激烈的商海竞争中，温州人凭借一股坚韧的闯劲赢得自己的一席之地。

③特别有创新精神。改革开放 20 年来，温州人成功地走出了一条脱贫致富的区域经济发展之路。它集中体现了温州人特别能创新的创业精神。他们充分利用地方优势，结合温州民营企业特色，培养大学生的创业意识和创业技能，更具有重要的现实意义。

例如，温州师范学院的宗旨就是紧密结合温州的地方特色，充分发挥温州的创业优势。他们通过创业教育与创业实践，让学生充分展示自己的才华，他们占尽地利优势，成立信息中心和网站，聘请了成功企业的老总和设计师为兼职教授。

(四) 综合式创业教育

这种类型是指一方面将创新教育作为创业教育的基础，注重学生基本素质的培养，另一方面则为学生提供必要的资金和技术支持。这种类型的代表院校有上海交通大学，该校以素质教育、终身教育和创新教育为重点，注重专才向通才转变、教学向教育转变、传授向学习转变广，并将其作为指导思想，以此确立培养框架和内容，进而积极构建创新人才培养体系。

六、未来思考

(一) 树立信心、磨练意志

当今社会，许多大学生受到父母和家庭溺爱，导致情商欠缺，意志薄弱、缺少自信和自主精神，因此，针对这一点，创业教育就应先从锻炼意志入手，在教育过程中树立创业典型，组织考察，举办就业形势报告会、创业成功校友会等活动，让学生了解当今国内外经济形势，感受严峻就业形势，从而使他们减少依赖心理，树立创业信心。

（二）激发求知欲，培育创新精神

对于创业者来说，好奇心、求知欲与创造力是十分重要的，这对于主动探索，提出并解决各种问题有很大的作用和意义。因此，针对这一点，高校应积极改进教学方法，创造具有新奇感的学习环境，鼓励学生自主学习，积极提出并解决问题。

可以采用案例式、互动式等教学法，鼓励学生积极开动脑筋，同时还要对独特见解给予肯定和表扬，从而营造一种创新型的良好学习氛围。

（三）鼓励学生的实践创造

在当前这一创新型社会，高等院校的教师应改变评价观念，建立新型评价标准，鼓励学生在实践中进行创造。同时，高校教师还应有计划地安排实践活动，组建创新科技小组；鼓励学生积极参与创新竞赛，在实践中了解市场需求，积累创业经验。

（四）实施系统创业教育

我国高等院校在教程安排上，应系统地实施创业教育。对于低年级学生，要注重培养其创造思维，锻炼其意志品质，同时培养他们进行广泛的社会调查，了解市场，提高社会应变能力。对于高年级学生，要以指导和信息搜集为主，介绍相关知识、培养相应的实践技能，并根据专业有针对性地开设课程，将创业教育融于课程建设、人才培养和整个教学过程之中。

第三节　当代大学生创业实况

一、创业失败案例

（一）案例一

1.案例描述

22 岁的小陈是南京某大学数理学院的休学学生，南京“唐电”电器销售公司“董事局主席”兼“总裁”，但现如今却坐在南京市玄武区看守所中。

在自己创办的“唐电”公司开张仅 11 天后，小陈被派出所拘捕，其罪名为涉嫌诈骗和非法集资。

事情要回到半年前，当时为大二学生的小陈曾召开发布会，宣布要自主创办企业，并向外界公布了他电器销售的商业计划，并宣称目标为：年销售额 4000 万；3 年超过“苏宁”；5 年销售额超过 7 亿元。但现如今，这一切都以一场梦魇结束。

今天，关在看守所的小陈仍认为，如果不是因为诈骗，一定能把公司做好。但事实上，唐电公司早已入不敷出，靠借钱度日。公司欠账甚至达到百万元。

2.案例分析

回顾小陈的失败，首先能够看出他眼高手低。他自己制订的销售总额和要达到的市场份额，高得有些过头，此外，业务拓展太广，犯了眼高手低的错误。

其二，小陈认为创业就是融资。动不动就融资百万元，毫无责任心。对于创业来说，融资一定要根据项目和还债能力，控制风险，不能凭空吹出商业泡沫，四处融资，新债还旧债。

不客气地说，小陈这次创业失败了。但若能总结教训，从此踏踏实实，勤学苦干，就有可能化失败为成功。

（二）案例二

1.视美乐失败案

清华大学视美乐公司曾以“多媒体超大屏幕投影电视”技术为例，在第一期就得到上海百货公司250万元的风险投资。然而第二年，却没能接到5000余万元的二期投资，导致最终以3000万元的价格卖给了澳柯玛集团。

对于视美乐公司的失败案例，清华大学潘福祥认为，学生创业有闯劲、有优势，不怕吃苦，不计报酬。但是，同时也有缺点，他们不了解商业运作，缺少经验。因此，大学生创业一定要“如临深渊，如履薄冰”。

2.易得方舟失败案

由大学生创业的公司“易得方舟”，一直定位于“教育娱乐”的网络门户，但有关盈利问题，却没能解决好。

首先是没有核心技术，虽然人数众多，但专业针对性不强，没有强大的技术团队。

其次是缺乏商业能力，在创业过程中只是简单克隆，没有自己的经营与盈利的模式。

最后是缺乏创业知识。没有准确地对市场进行预测，进而把握商机，同时对社会发展、宏观经济、人文文化、传统习俗等把握不足。

上述创业案例表明，我国的大学生创业，没有工作经历和商业经验，在商业和资本市场的残酷竞争中，没有显著优势。再加之缺乏管理经验、运作能力不足，不能对风险进行有效防范，因此成功机会相当渺茫。视美乐公司、易得方舟公司等最终都因为缺乏经验或能力而倒闭。

二、创业成功案例

（一）案例一

陈幸福的设计师，是1980年出生的张啸吟，陈幸福手工布偶猫，够土够顺，表达一种祝福。

2004年，张啸吟从大连轻工业学院服装设计专业毕业，带着仅有的1200块钱来到北京，开始“北漂”生活。这年冬天，他的第一只布偶猫做工粗糙，在酒吧诞生，并不完美。

无意中的一次，张啸吟发到网上，结果得到很多人询问，在哪里能买到。意识到有人喜欢这种古怪、非主流的“东西”，张啸吟开始批量地手工制作，然后贩卖。而他的团队人员也从最开始的一个人逐渐增加。

张啸吟将“陈幸福”定义为具有设计感觉的玩偶，是幸福的载体，他认为，没有文化底蕴的产品走不远。他不断更新的设计速度，要做中国品牌，传达情谊的礼品，就必须要加入中国元素。

他将“花棉布”“红五星”“纯红色”等中国元素融入设计，生意越来越好。

（二）案例二

在当今社会，能够静下心来，专精一门是不容易的。梁伯强就是把一门做精的创业人才，他看准市场，紧紧抓住指甲钳这个主业不放，在指甲钳上做精做强，所以他顺利进入了利润区。借助“非常小器”的指甲钳，使得圣雅伦牌成了中国第一、世界第三的指甲钳品牌，梁伯强也成为亿万富翁。

1998 年，梁伯强产生了要做中国品牌的指甲钳的想法。于是他很快赶到广州、天津、北京、上海和苏州等有代表性的国营指甲钳厂，发现早已关门大吉。

面对这一情况，梁伯强开始学技术，并从韩国订了 30 万元货，然后组织人员研究技术，多次到韩国进行参观、学习，了解他们的自动化生产技术和设备。

此外，他还重金请专家指教，并数次拿着样品进行检测。2000 年，“圣雅伦”得到了第一张“指甲钳质量检测合格证书”。随后，梁伯强又强调产品的个性化和环保概念，就一个产品开发出 200 多个品种，并在生产中始终循着专业化模式发展，逐步成为全世界名牌，进而获得了巨大的财富。

三、创业经验分析与借鉴

（一）经验分析

大学生创业的经验教训总体可以归纳为经验不足、准备不够、抵抗风险能力不强和缺乏发展思路等。

有学者认为，只有对大学生进行系统的创业教育和训练，在校园中培养他们的创业意识、素质和能力，才能为他们将来克服创业障碍，打下坚实的基础铺平道路。

1.思想意识障碍

通观影响大学生创业的主要因素，除了资金匮乏、经验不足、环境不成熟外，最根本的还是大学生缺乏创业意识。目前，对于高校毕业生来说，大多数人还是选择毕业后就业、考研、出国等，对于勇于自己创业的还是少数。因此，在这种境况下，我国目前更偏重传授知识，对创业意识重视不够。

2.创新思维障碍

创业最好是立足于自主知识产权，当前，我国的自主知识产权受到国家和法律的保护，这对于大学生创业尤其重要。

有的学者指出，大学生之所以创业失败，一个很重要的原因就是忽视技术创新。没有自主知识产权的创造发明，而且更不能把这一发明转化为市场产品，就更不用说在进一步做好产品销路了。

3.知识结构障碍

当前，很多大学生创业者无法在创业过程中，把自己的创意准确而清晰地表达出来，不能做到准确地进行信息传递。

实际上，从更深层次看，这种语言表达能力的背后，其实是创业者缺乏对创业资源的准确理解，更缺乏在创业方面的知识积累，而这一点，更表明出大学生实践性不强。

4.管理经验障碍

由于大学生在创业过程中，缺乏成熟的企业模式和管理经验，使得很多不错的创业项目走向失败。

目前，由于大学生在校期间，多局限于本专业的知识学习中，缺乏经营、管理、财务、税法和市场等相关知识和经验的积累，因此导致创业从一开始就捉襟见肘。

5.目标不明确

有些大学生在确定自主创业后，往往陷入困惑，那就是应该从何入手。该做什么，该怎么做？这些问题都表现出大学生对创业目标十分不明确，如果自大学生都不能对这个问题有明确答案，那么创业活动一定会十分盲目。再加之缺乏创业知识，经验不足，往往就会导致找不到适合自己的创业想法，不能顺利实施创业计划，从而获得盈利能力。

6.资金障碍

资金是创业的基础和生产力，如果说创意是花朵，那么资金就是水分，因此，资金是大学生创业的最大瓶颈。

目前，资金在创业者创业活动中主要应用于以下四个方面。

①公司注册与前期准备。

②项目启动与审批。

③项目运作和制作。

④资金贮备与周转。

以上这些都需要充足的资金，因此，资金对于大学生创业来说，是必须翻越的第一座大山，而目前之所以觉得资金是大困难，主要是因为以下两点。

①融资渠道窄，很难顺利获得富足的资金。

②银行贷款难，条框限制过多。

上海复旦大学社会学系教授范丽珠认为，当今社会的发展越来越趋于多元化，大学生可以通过更多的途径来实现自己的理想。但不论遇到什么困难，选择什么路径，关键是要踏踏实实，不能好高骛远。

对于大学生的看法和想法，很多投资商认为，大学生对于创业资金的认识不成熟，总是急于得到资金。对于学生创业吸引投资，目前在认识方面存在三个误区。

①急于得到资金。这主要是指大学生在创业过程中，给小钱让大股份，贱卖技术或创意。有不少核心技术拥有者在公司运营一段时间后，对当初的投资协议深感不满并提出毁约。而这样做的后果只能是在资本市场臭名昭著。

②判断失误。这主要是指即使投资人不能提供增值性服务和指导，仍须与其捆绑在一起。

③责任心不强。这主要是指对风险投资不负责任地使用，烧别人的钱圆自己的梦。

面对以上这三种情况，对于尚处早期的创业公司来说，应引入一些真正有实力的投资者，哪怕暂时放弃一些眼前的利益，也要寻找能提供增值性服务、与创业者理念统一的投资者。

7.政策障碍

除了筹集资金的困难外，大学生创业过程中，在落实应享受的优惠政策时也相应地出现困难。

例如，大学生会在优惠政策上屡屡碰上“闭门羹”，譬如“具体办法还要等落实的细则出来，可能还得等上一段时间。”说辞都成为阻碍。

对此，重庆市工商局个体私营经济管理处处长陈速说，行政费用的减免是国家促进大学生创业的一种导向，并不是决定因素，对创业的刺激作用也不大。

8.心态障碍

对大学生来说，创业需要理智而不是冲动，需要冷静而不是狂热，但目前，很多大学生缺乏对创业的深度审视，对社会和大众消费群体缺乏深刻了解。

清华大学创业园的罗建北主任说，现在的很多大学生，在创业过程中，对产品和技术的市场，往往是理想化的推理，而不是实际的市场调研。再加之由于目前，刚毕业的大学生视野狭窄、理论性太强，导致不少原创缺乏可行性，经不起考验。

对此，暨南大学的一位老师提醒说，许多大学生热衷创业的主要原因是就业压力越来越大，而学生创业之前应该做好应对各种困难的思想准备，心态应当平和，千万不能好高骛远，急于求成。

因此，大学生应该调整心态，树立赚第一分钱，而不是第一桶金的观念。创业时，重心要下移，要扎扎实实地从第三产业、科技含量较低的行业开始练兵。

9.经验障碍

创业需要充分考虑各方面的因素，如果没有经验的积累和支持，大学生创业实际上是“独木难支”。

图 5-1 经验的重要性

目前，对学生来说，最大的劣势就是社会经验的严重缺乏，所以学校应当理解、支持和正确引导学生创业。在创业过程中，很多大学生只能“纸上谈兵”，对具体的产品或服务开发、市场开拓缺乏经验与相关的知识。缺乏管理经验，整合资源不足、没有科学管理能力（图 5-1）。

（二）创新实践能力文件调查

拥有自己的一份产业，自己做老板，是许多人的梦想。每年，有 700 万大学生毕业，涌向就业市场。社会无法一下子提供足够满意的岗位给这些充满憧憬的学子，势必有部分大学生自谋生路，自己创办产业，甚至给别人提供就业岗位。

为此，国家、省市各级政府相继出台许多的创业政策。

①2010 年 5 月，人社部发〔2010〕31 号《关于实施大学生创业引领计划的通知》明确："2010–2012 年，3 年内引领 45 万名大学生实现创业"。

②教办〔2010〕3 号《教育部关于大力推进高等学校创新创业和大学生教育自主创业工作的意见》指出："创新创业教育要面向全体学生，融入人才培养全过程"，"把创新创业教育有效纳入专业教育和文化素质教育教学计划和学分体系，建立多层次、立体化的创新创业教育课程体系"，把创新创业教育作为大学生必修课。

③2010 年 5 月 6 日，国务院通过了《国家中长期教育改革和发展纲要》，明确在高等学校"推进创业教育"。

④2010 年 5 月，教育部出台《教育部关于大力推进高等学校创新创业教育和大学生自主创业工作的意见》，指出"在高等学校开展创新创业教育，积极鼓励高校学生自主创业，是教育系统深入学习实践科学发展观，服务于创新型国家建设的重大战略举措;是深化高等教育教学改革，培养学生创新精神和实践能力的重要途径;是落实以创业带动就业，促进高校毕业生充分就业的重要措施"。

⑤鲁政办发〔2010〕21 号《关于做好 2010 年普通高校毕业生就业工作的意见的通知》明确指出：实施"大学生创业引领计划"实现 5 万名大学生创业，"为大学生创业提供资金支持"，其中对 1000 名给予每人 5—10 万元的创业基金奖励"启动大学生创业孵化基地建设"等。

鲁政办发〔2013〕25 号《关于促进创业带动就业的意见》积极推进"创业齐鲁·乐业山东"建设。

国办〔2015〕36 号《国务院办公厅关于深化高等学校创新创业教育改革的实施意见》：深化高等学校创新创业教育改革，作为大众创业、万众创新的重要环节，政府、高校、行业、企业及科研院所多要方联动，实现大学生高质量创业就业。

（鲁政办字〔2016〕117号）2016年全省普通高校毕业生就业创业工作的通知：打通校地大学生就业创业政策落实渠道，鼓励大学生进驻创业园、孵化基地。

⑥烟台市出台政策：大学生创业可申请小额贷款：大学生创业自筹资金不足的，可申请小额担保贷款，新发放的个人小额担保贷款最高额度由5万元提高到10万元。大学生创业享有一次性创业补贴、社保补贴，对首次领取营业执照并正常经营1年以上的创业大学生，给予1000—3000元的一次性创业补贴。另外创业的大学生可享受房租补贴：对符合条件大学生创办的企业，第一年享受100%的房租补贴，第二年享受50%的房租补贴，第三年享受30%的房租补贴。其他企业第一年享受80%的房租补贴，第二年享受50%的房租补贴，第三年享受30%的房租补贴。

针对在校大学生的培养过程，需要给予大学生创业的精神准备，创业的一些知识。

概括来说，大学生适合创业的理由有以下几点。

1.自身素质

大学毕业生有着较高层次的技术优势，朝气蓬勃，具备了创业者应该具备的基本素质，对未来充满希望，他们是最具有创业激情和精神的，另外，在大学里，他们学到了很多理论知识，“用智力换资本”是大学生创业的特色和必然之路。

2.创业意愿

全国高校学生信息咨询与就业指导中心针对全国近万名大学毕业生的调查数据显示，大学毕业生中有强烈创业意愿的占到25.93%，有过创业意愿的占到53.02%，反映出大学毕业生普遍有创业的意愿（图5–2）。

图5-2 创业意愿

3.创新精神

创新是创业的基础，今天的大多数经济学家都认为，创业精神包含了变革、革新、转换和引入新方法，即新产品、新服务或者是做生意的新方式。

大学生具有创新精神，研究大学生的创业精神，不可能抛开创新的研究，大学毕业生具有对传统观念和传统行业挑战的信心和欲望，从道理上来说，在校园创业，即使项目和别人相同，也没有完全相同的经营模式，没有一种创业模式能够和其他人雷同。而这，也往往成为其成功创业的精神动力，形成了创业的动力源泉。

创业精神是在各类社会中刺激经济增长和创造就业机会的一个必要因素。高校对学生的创业精神的培养，就是培养未来的大大小小的老板，而创业会给社会带来就业岗位，对社会的安定团结，人民的生活幸福起着重要作用。学校不仅是传授知识和技能的场所，更是精神培养的场所。在未来，有可能创造出现在没有的，千差万别的就业岗位。而优秀的创业精神从古至今，万变不离其宗。高校作为知识的摇篮和精神的布道场所，有机会和有责任将前人优秀的精神品质传承给学生。

因此，大学生的创业精神，在不同文化中有所差异，取决于创业所能得到的回报，可见，社会群体文化也与创业精神相关。很多大学生在某种程度上推崇马云，马化腾，比尔·盖茨，惠普等名人，希望从中找出自己可以借鉴的东西。还有一部分看重社会地位，大多围绕国家政策、学校制度、保障机制、理念、师资、创业课程、文化氛围等方面展开。

对于那些专业经验的文化不利于创业的，则推崇通过个人奋斗取得成功的文化，他们阅读传记，从创业精神入手，全方位地展开创业分析，可以说，拥有创业精神，是最大的成功。（图 5–3）。

图 5-3　创新精神

(三) 创新实践能力调查问卷及分析

结合现有的研究成果及研究对象的具体情况，确定大学生创业过程中的诸多因素，便于有针对性地进行双创指导，特从大学生的创业意愿、创业课程、创业领域及创业目的等几个方面设计了调查问卷。

问卷共 24 项问题，其中，创业意愿 3 项，家庭的影响 2 项，创业课程 4 项，创业领域 5 项，创业看法 4 项。创业心态 3 项，创业目的和梦想 3 项。问卷的语言设计简明易懂，主要是考虑到所测试的学生，能够在短时间内理解和回答完毕的问题。

设计好的问卷在本校的 5 个合堂教室进行发放，400 份。回收 352 份。剔除无效问卷，有效问卷 307 份，回收有效率 87.2%。学生所学的专业不同，年级不同，具有一定的随机性。

1.实践能力调查问卷

第一部分：创业意愿

1. 你是否有过创业的想法？(　　)

A. 有　　B. 没有　　C. 从没想过

2. 如果你有创业的想法，是来源于(　　)

A. 家庭及亲属影响

B. 传媒渲染的成功人士

C. 学校的创业教育

D. 其他渠道，多是政策影响

3. 如果要选择一个合作伙伴，你愿意和什么人一起创业？(　　)

A. 志同道合的伙伴

B. 有丰富管理经验的人

C. 亲属

D. 有资金基础的人

第二部分：家庭的影响

4. 你的父母从事何种职业？(　　)

A. 务农或普通上班族

B. 做小生意

C. 企业高管或政府机关官员

D. 企业家

E. 其他

5. 你的家庭对你创业有何态度？(　　)

A. 全力支持 B. 反对 C. 仅表支持，但全靠本人 D. 意见不统一

第三部分：创业课程

6. 你认为在大学是否有必要开设创业学习课？（　　）

A．有必要　B．有针对性地选择　C．没必要

7. 你喜欢听谁为您讲授创业辅导课程？(　　)

A．学校老师　B．企业家　C．咨询顾问 D．其他

8．你希望怎样获得创业方面的知识和技能？（　　）

A．老师授课　B．活动加训练　C．亲身实践　D．其他

9. 如果学校开设创业指导课程，最好内容更注重哪一方面？（　　）

A．经营管理、市场营销

B．法律法规、工商税务及当前创业政策

C．与自己创业方向相同的实践活动

D．人际交流与沟通技巧

第四部分：创业领域

10. 你认为所学专业与创业的关系（　　）

A．密切相关 B．有关系但是不太大 C．基本没关系 D．没关系

11. 你认为现有的创业方面的知识和技能满足需要吗？（　　）

A．满足　　B．基本满足　　C．不满足　D．说不清

12. 你认为商务知识对创业重要吗？（　　）

A．非常重要 B．比较重要 C．无足轻重

13. 如果创业，你会选择哪个领域？（　　）

A．自身专业相结合的领域

B．往当今热门的方向发展

C．自己感兴趣的领域

D．启动资金少、且风险相对较低的行业

14. 你认为校园创业对课程学习有影响吗？（　　）

A．有严重影响 B．有一定影响，但不明显 C．没多少影响

第五部分：创业看法

15. 你对创业概念的理解为（　　）

A．开办一个企业(公司)

B．只要开创一份事业都可以叫创业

C．说不清

D．自己做买卖

16. 你如果在同学、朋友、亲属等熟人面前做生意，你会感到（　　）

A．不好意思　B．没什么　C．说不上来的感觉

17. 你认为大学生创业，相对于社会其他人群，优势在哪里?(可多

选) (　　)

A. 年轻有活力，勇于拼搏

B. 专业素质较高

C. 学习能力强，有创新精神

D. 网络信息能力强

18. 你认为大学生创业，相对于社会其他人群，劣势在哪里?(可多选) (　　)

A. 缺经验，缺人脉

B. 缺乏好的创业项目

C. 借贷难，难融资

D. 眼高手低，好高骛远，看不起蝇头小利

第六部分：创业心态

19. 你对大学生校园创业的态度是（　　）

A. 很想尝试，但怕失败 B. 旁观者 C. 勇于尝试 D. 有条件地参与

20. 对自己创业前景感到（　　）

A. 自信 B. 迷惘 C. 有压力 D. 赌博感 E. 其他

21. 对大学生创业环境评价 （　　）

A. 很满意 B. 基本满意 C. 不满意

第七部分：创业目的和梦想

22.你创业的目的是什么?（　　）

A. 打发空虚无聊的时间

B. 解决就业的生活问题

C. 有自由时间，不需要别人管束

D. 实现个人价值，赚更多的钱

E. 其他

23. 如果毕业后能找到理想的工作，还会有创业梦想吗?（　　）

A. 会 B. 不会 C. 不一定

24. 如果毕业后找不到理想的工作，会选择创业吗?（　　）

A. 会 B. 不会 C. 不一定

2.调查问卷结果分析

①你是否有过创业的想法?

被测的 307 名大学生当中有 210 名 (68.4%)大学生表示有创业意向，有 87 名 (28.3%)大学生表示没有创业意向，只有 10 名 (3.3%)大学生从没想过这一问题。

②如果你有创业的想法，是来源于什么？

有创业的想法的 210 名大学生中，73 人的想法来自成功人士的影响，占 34.8%；“家庭及亲属影响”的 49 人，占 23.3%；54 人表示是学校的各项创业教育给予他们的启蒙和鼓舞占 25.7%；剩下的 34 人表示是其他因素，占 16.2%。

③如果要选择一个合作伙伴，你愿意和什么人一起创业？

在有创业意愿的 210 名大学生中，有 102 人选择“志同道合”的人，占 48.6%。而 28 人选择“有丰富管理经验的人”，占 13.3%；51 人选择亲属，占 24.3%；有 19 人表示找“有资金基础的人”，占 9%。

分析：68.3%的学生表示有创业意向，说明在多数大学生的心目中，创业至少是他们人生中的一个选项；近三成的学生表示没有创业意向，其中有过半数（45 名）在创业看法中表示对创业概念“说不清”，而 10 名大学生声称从没有想过这个问题的，在对创业概念有 8 人“说不清”。创业想法的来源方面，家庭，传媒，和学校教育各领风骚，基本持平，其他渠道只占一小部分。过半数的大学生愿意找“志同道合”的人，这是由大学生自身所处的环境和年轻的心态决定的，大学生更愿意与自己志趣相近的伙伴合作；排在第 2 位的是“亲属”，说明社会的亲缘纽带的重要性，其他两项比例较少，表明大学生还不懂得那两种人群在创业中的作用。

本试卷在这一部分中，排斥了 210 名以外的学生对于第 2、3 题的答案，认为他们的这方面答案无效；不过在后续部分中，仍为 307 份试卷。

④你的父母从事何种职业？

回答“务农或普通上班族”的有 169 人，占 55%；回答“做小生意”的有 98 人，占 31.9%；“企业高管或政府机关官员”13 人，占 4.2%；“企业家”有 2 人，占不到 1%；而“其他”25 人，占 8.1%；说明这些大学生群体多来源于农民、城市平民和小商贩家庭，约占 87%；而官员家庭或有钱的企业家家庭，才 5%，另外 25 名学生可以看成是来自衣食无忧的中产家庭。

⑤你的家庭对你创业有何态度？

表示全力支持的有 42 人，占 13.7%；其中，没有回答“务农或普通上班族”的，说明这部分家庭心有余而力不足。

表示反对的 103 人，占 33.6%；特别提出的是，第一部分中第 1 问题，是否有创业想法的回答：没有想法的 87 人中，家庭反对的有 72 人，占 82.8%，说明家庭的反对足以左右学生的想法。而回答反对的人群中，第 4 问题，“务农或普通上班族”的有 85 人，占反对者的 82.5%，说明普通家庭对创业的影响很大。

“仅表示支持，但全靠本人”有 55 人，占 17.9%，其中，上一题回答“做小生意”的有 39 人，占其中的 39.8%；回答“其他”的 11 人，占其中的 44%；而 5 人来自“务农或普通上班族”的，占 3%，没有来自其余两类条件优越的家庭。

家庭意见不统一的，有 107 人，占 34.9%，说明部分家庭中，对创业的认识还不算明确。

⑥你认为在大学是否有必要开设创业课程?

有 85 名学生表示“有必要”，占 27.7%；有 127 名学生选择了“有针对性地选择”，占 41.4%；说明多数学生还是在意创业课程的，有 95 名学生表示“没必要”，占 30.9%；值得注意的是在第一部分回答没有创业想法的 87 人中，有 79 人表示“创业课程”没必要，占绝对多数，90.8%。

⑦你喜欢听谁为您讲授创业辅导课程?

在第 6 问题的“有必要”和“有针对性地选择”中共 212 名学生，有 145 名学生愿意听学校老师授课，占 68.4%；听企业家授课的占 23 人，占 10.8%；咨询顾问的有 12 人，占 5.7%；其他 32 人，占 15.1%。说明学生习惯于教师授课的方式，掌握起来知识比较容易；而企业家等人虽然经验丰富，但是讲述内容往往凌乱。

⑧你希望怎样获得创业方面的知识和技能?

307 名学生中，有 109 人选择了“老师授课”，占 35.5%，说明他们喜欢系统性地学习创业知识；有 64 人选择了活动加训练；占 20.8%；有 123 人选择了亲身实践，占 40.1%，而“其他”有 11 人。说明实践和训练这种方式让学生喜闻乐见，但是传统型靠学习掌握技能的学生也占了相当一部分。值得注意的是，尽管有学生没有想法创业，也认为创业课程没什么必要，但是愿意发表自己对这方面问题的看法。

⑨如果学校开设创业指导课，最好内容更注重哪一方面?

307 名学生中，有 104 名学生表示“人际交流与沟通技巧”，占 33.9%，值得注意的是，尽管有学生没有想法创业，也认为创业课程没什么必要，但是，表示没想法创业的 87 人中，有 68 人希望从中学到人际交往的知识，占其中的 78.2%；表示课程没有必要的 95 人中，有 72 人表示需要人际关系知识，占其中的 75.8%。“与自己创业方向相同的实践活动，有 118 名同学选择，占 38.4%；有 65 人愿意选择“经营管理、市场营销”，占 21.2%；仅有 20 人选择“法律法规、工商税务以及当前创业政策”，占 6.5%，说明同学的法律意识比较淡薄。

⑩你认为所学专业与创业的关系。

只有 47 名学生认为“密切相关”，占 307 人的 15.3%；95 名学生认为“有关系但是不太大”，占 30.9%；有 142 名同学认为“基本没关系”，占 46.3%；剩下的 23 人干脆认为“没关系”，占 7.5%。

从上得出结论，学生认为“基本没关系”，联想到学生创业多选择的是服务类，由于服务类行业的低门槛的性质，短时间难以将所学专业和创业联系起来，因此，学生多选这个选项；而“密切相关”这一项的学生，充满了自己在本专业大干一场的理想；“有关系但是不太大”的学生，分析他们在后面的答卷，多为模糊不清的词句，如 11 题和 15 题的“说不清”，16 题的“说不上来的感觉”。

⑪你认为现有的创业方面的知识和技能满足需要吗？

有 139 名大学生回答不满足，占 45.2%，但是光从该题中难以得到不满足的原因，是从学校的创业课程或是专业课程中得来，还是从自身实践中来；回答基本满足的有 86 人，占 28%；回答满足的有 52 人，占 16.9%；两类说法也许反映了学生认为创业不需要太高的门槛，两类人群中在 13 题中选择“启动资金少，且风险相对较低的行业”的有 52 人，占回答总数 58 人的 89.7%，反映这部分人看中资金胜于看中技术；还有剩下 30 人，认为“说不清”，占 9.8%，10 题回答“没关系”的 23 人中，有 18 人在本题认为“说不清”，占 78.3%。

⑫你认为商务知识对创业重要吗？

这个回答有点类似正态分布，有 211 名同学认为“比较重要”，占 68.7%；有 50 名同学认为“非常重要”，占 16.3%；而 46 名学生认为“无足轻重”，占 15.0%。

⑬如果创业，你会选择哪个领域？

有 131 名学生选择“自己感兴趣的领域”，占 42.7%；剩下三项选择的比例都差不多，有 62 名学生选择“当今热门的方向发展”，占 20.2%；58 名学生选择“启动资金少，且风险相对较低的行业”，占 18.9%；56 名学生选择“自身专业相结合的领域”，占 18.2%。从该题中看出学生选择自己的喜好，反映出大学生在创业过程中的不成熟性。

⑭你认为校园创业对课程学习有影响吗？

这个问题比较令人回味：有 40.4%的人（124 人）回答有严重影响；回答“有一定影响，但不明显”的 89 人，占 29%；回答“没多少影响”的人有 94 人，占 30.6%。经过分析，第 1 题回答“没创业想法”的学生 87 人中有 73 名认为影响巨大，占 83.9%；他们可以看成是传统的思维方式，也有部分正在创业的同学感到时间的压力，得到的体会；而回答“没多少影响”的同学，部分人确实创业的时间安排得不错，还有的人是不太爱学习，和创业无关。

⑮你对创业概念的理解。

有 108 人认为是“自己做买卖”，占 35%；还有 68 人认为是“开公司”，占 22.5%；“只要开创一份事业都可以叫创业”的有 26 人，占 8.5%，“说不清”的有 105 人，占 34.2%。反映了大学生对创业认识上的不统一。

⑯你如果在同学、朋友、亲属等熟人面前做生意，你会有什么感觉？

有 117 名同学选“不好意思”，占 38.1%；95 人选“说不上来的感觉”，占 30.9%；在熟人面前改换角色的不自然是大多数人的自然反应。还有 95 人认为“没什么”，占 30.9%，不是他们心理承受能力强一些，就是经过历练的。

⑰你认为大学生创业，相对于其他人群，优势在哪里？（多选题）

有 223 人选择“年轻有活力，勇于拼搏”，占 72.6%；选择“网络信息能力强”的有 189 人，占 61.6%；这两项是大学生的主流看法。而“专业素质较高”的才 40 人，占 13%；“学习能力强，有创新精神”的占 83 人，占 27%。

⑱你认为大学生创业，相对于其他人群，劣势在哪里？（多选题）

在这个问题上，认为“缺经验，缺人脉”的略多，215 名，占 70%；但是，其他方面的回答也不少，“缺乏好的创业项目”193 名，占 62.9%；“借贷难，融资难”的占 59.9%，有 184 人；“眼高手低、好高骛远，看不起蝇头小利”的有 203 人，占 66.1%。总体上看，大学生对这些问题基本认同，有的同学四项全部勾选上的有 34 人，占 11.1%。

⑲你对大学生校园创业的态度？

有 114 名学生选择了“很想尝试，但怕失败”，占 37.1%。这部分学生的思想在第 15 题的分布是这样的：答“自己做买卖”的有 36 人，占 31.6%，答“开公司”的有 53 人，占 46.5%；“说不清”的有 25 人，占 21.9%。反映了学生对市场竞争的残酷性的意识，尤其是答“开公司”的同学，他们的感觉就是在学校开个公司，感觉有些难度。

回答“旁观者”的学生有 129 名，占 42%，他们或许感到校园创业的空间有限，或许兴趣不在于此。回答“勇于尝试”的有 24 人，7.8%，算是少数；回答“有条件地参与”的有 40 人，占 13%，基本上是同学中的好朋友干，他们就合伙干，自己不领头。

⑳对自己创业前景感到？

有 34 名同学感到“自信”，占 11.1%；“迷惘”的同学有 69 名，占 22.5%；“有压力”的学生 46 名，占 15%；“赌博感”的同学有 57 名，占 18.6%；剩下 101 名同学填“其他”，占 32.9%，各项比例均不占优势，反映了大学生对这个问题的心态的五味杂陈。

㉑对大学生创业环境评价

在这个问题上，大学生的回答有点近乎恭维，回答前两项的人数几乎是压倒性的，“很满意”145 名，占 47.2%；回答“基本满意”的有 152 名，占 49.5%；反映了学生要么不参与，要么认为若失败基本上就是自己失败，怨不得大环境。

只有 10 名学生认为“不满意”，其中，10 题回答“很想尝试，但怕失败”的有 4 人，“有条件地参与”的有 6 人。

㉒你创业的目的是什么？

“解决就业的生活问题”，有 87 人，占 28.3%，说明很多大学生意识到温饱问题是最重要的；回答“有自由时间，不需要他人管束”的有 75 人，占 24.4%，反映了大学生的天性自由；回答“实现个人价值，赚更多的钱”的有 52 人，占 16.9%，这部分人是有雄心的；回答打发“打发空虚无聊时间”的只有 12 人，占 3.9%，剩下 81 人，干脆弄不清概念，或是不想创业，回答“其他”，占 26.3%。

㉓如果毕业后能找到理想的工作，还会有创业梦想吗？

选取有效的答案，就是第 1 题的 210 名学生中的答案，有 27 人回答“会”，努力追求自己的梦，占 12.9%；有 91 名学生选择“不会”，占 43.3%，反映了创业不是他们人生的唯一目的；还有 92 名同学选“不一定”，占 43.8%，反映了他们的矛盾心态。

从这个问题可以看出，至今社会上的青年理想，与公务员，事业编等相比，创业属于非主流。

㉔如果你毕业后找不到理想的工作，会选择创业吗？

这个问题，考虑的是 307 名有效答卷的大学生，因此，回答“会”的学生比第 1 题多一些，达 66 人，占 21.5%；“不会”的有 104 人，占 33.9%，更多的学生选择的是“不一定”，有 137 人，占 44.6%。这个问题反映了青年学生的彷徨心态，尤其是答“不一定”的同学，而答：“不会”的同学，他们的选择将更加多元化。综合来看，创业意识的培养有待提高、科技创新创业引导也有待加强。

（四）思考与反思

1.加强高等院校创业教育

郭祖荫博士曾讲到，在新加坡，创业教育在小学就开始了，学校通过创业游戏寓教于乐，教学生怎么赚钱。而在中国，即使是在高校里，创业教育要么没有，要么很不系统和全面。

此外，劳动和社会保障部的官员姚春生，也对高校的创业教育提出建议，认为高校在日常教育中应该做到以下几点。

①积极引导和鼓励个性发展。

②鼓励学生自主性地创新、创造活动。

③让所有专业的学生对市场经济的基本知识都有所认识。

④学校应对校园内外的创业活动或动向密切关注。

⑤在教育环节中，不要割裂与社会大背景的联系。

⑥在日常教学中，应该设立创业教育的课程和项目。

⑦学校应提高自身开展商务活动和商务管理的水平与能力。

当前，我国高校对大学生进行系统的创业教育还很不够。尽管大部分高校都有创业计划大赛，但参与的学生不多，且接受的创业教育不全面、不系统。

因此，各大高等院校就更应该在大学期间，对大学生进行系统的创业教育，而在这其中，有效的创业训练是很必要的，应努力培养他们创业的能力与素质，增强创业意识，为他们自主创业、岗位立业做好准备。

昆明理工大学管理与经济学院院长杨保健教授认为："创办一个公司需要经济、管理、技术、法律等多方面的知识，要让学生在较短时间内掌握这些知识也是不容易的。"

因此，从这个角度来看，创业计划大赛是对学生系统知识的提升，因此，创业大赛要更加完善，要加入辅导期，使之更加专业化。从而能够让学生具备创业意识和创业能力。

对于大学生而言，合理有效的创业教育可以增强其动手操作能力、组织能力、心理承受能力和团队合作精神。

自改革开放以来，我国的就业形式经历了两种重要转变：一是从体制内就业，转变到体制外就业；二是从机构化就业，转变为个体化就业。从整个大环境来看是，这种变化与体制改革和市场经济进程是一致的。后期出现的就业形式，对个体自主性的要求越来越高。

2.与素质教育相结合

对于大学生而言，当今高校培养的人才，要打好基础，对大学生创业素质的调查表明，大学生创业素质不容乐观。毕业生中选择创业者的人数很少，因此，高等院校应该继续深化以素质教育为核心的教育教学改革。目前，大学缺乏创业意识，不管学什么专业，都要全面提高综合素质。

目前，创业的前提是都要吃透专业的精髓，以创业教育为契机，提升大学生的综合创业素质，将创业教育有机渗透到基础知识教育和专业教育的层面上。

也就是说，将创业教育渗透到素质教育中去，并将二者结合起来。

①充分发挥创业教育。

②切实加强发挥教育功能。

③深化教育教学改革。

④全面推进素质教育，激发积极性。

⑤探索实践模式。

⑥提高实践能力。

⑦加快实现网络化。

⑧在教育过程中，推动创业深刻变革。

通过这些基础层面上的创业教育，进而与素质教育密切结合，再配合以理论学习与创业实践有效沟通，只有这样，才能大力培育学生的创业意识、创业精神和创业能力，全面培育和提升综合创业素质。

3.培养创业意识和技能

在现实生活中，大学生选择自主创业实在少数，他们有的宁愿一再从就业招聘会上碰壁，也很少选择创业，这主要是因为他们缺乏创业意识和创新精神（图 5-4）。

图 5-4 培养创业意识

根据《中国教育报》的大学生就业、创业问题社会调查，结果可以看出，先就业后择业成为多数大学生的选择。调查显示，有 51% 的学生选择先就业后择业，25% 的人选择先择业后就业，另有 14% 的人选择继续深造，选择毕业后创业的仅有 10% 。

通过统计结果，我们不难看出，大多数毕业生已明显意识到择业的困难。因此，他们认为要找到理想的工作单位，必须有深厚的知识、技术和经验基础（图 5-5）。

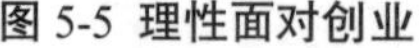
图 5-5 理性面对创业

图 5-6 培养创业技能

当然，在这其中，也有一部分大学生看重工作发展前景，是否能够具有施展才干的机会？单位发展前景如何？能否提供深造培训的机会等问题成为很多大学生选择工作的标准。通过这一点，我们能够看出，当前的大学毕业生开始采用动态的眼光来看问题，对于未来的发展提高机会尤为重视（图 5-6）。

此外，对于大学生来说，创业教育和创业技能较为缺乏。尽管有 74% 的大学生正在考虑创业，但却只有 7% 的人已经付诸行动，最糟糕的是，有 74% 和 70% 的大学生对创业的程序和创业所需条件，在脑中还十分不清楚，因此，我国的高等院校应该着重加强对大学生的创业知识教育和创业技能培养（图 5-7）。

图 5-7 培养创新技能

4.营造浓郁创业氛围

大学生自主创业，一方面要提高和加强自身实力，另一方面则要完善社会激励机制，从而鼓励和帮助大学生自主创业、灵活就业。

比如国家的有关鼓励政策、户籍管理、人事管理、社会保障等领域的改革，银行贷款的便利等。政府和社会有关部门应当积极努力地帮助创业者解决后顾之忧，为大学生创业者提供有效的咨询和服务（图 5-8）。

图 5-8 整合利用资源

除以上政策的扶持与落实外，还必须拓展、整合教学渠道，提高学生综合素质，营造有利于创业的氛围，从而将创业根植于学生的潜意识之中，引导和帮助学生完善能力结构，全面成才。

5.尽量降低风险

理想与现实差距极大，刚刚毕业的大学生没有社会经验，没有资金，没有管理经验，因此，必须在创业前学会将风险降到最低。

对于大学生创业来说，不是有专业能力就可以的，社会阅历、人际交往、客户关系、法律常识更重要。在选择项目和方向时，要结合自己的专业，哪一个更加适合自主创业，风险更小，就选择哪一个（图 5-9）。

图 5-9 有效降低风险

6.多种途径弥补经验不足

创业需要很强的综合能力，面对竞争非常激烈的市场，必须既要有经验又要有能力。

而目前，“眼高手低、纸上谈兵”是一些急于创业的大学生所具有的共性，他们普遍经验不足，缺乏整合资源、实行管理的能力，因此，要想成功创业，就必须从多种途径弥补经验的不足（图 5-10）。

图 5-10 弥补经验不足

（五）创新实践能力访谈及案例研究

除了调查问卷，还对一部分有创业举动的师生进行了访谈。

1.创业示例反馈一：创业的自信心培养、合作的创业精神

学生小刘在学校超市内看到来来往往的学生，正好超市老板有空闲的地方要出租，正值夏天天气热，小刘看到在商业区的临街处摆放的冰淇淋机，一杯杯现做出的软冰淇淋销路很好。于是就想在超市内购置一台，但是考虑到摊位费用，租机成本和进货渠道，以及自己还要上课，有点退缩，担心自己不能胜任。

创业导师王老师在得知小刘的情况，帮助他分析了情况：销售利润很可观，用料成本还是低廉。正好同学喜欢冰淇淋的软滑口味，值得去创业。经过了解，租赁方可以提供原料，也可以自行购买，小刘增加了信心。创业导师给小刘出主意，小刘终于从一起在学生会任职的朋友中找到了志同道合的小周，小周的上课时间和小刘正好有互相串开，保证了服务时间。小周也表示可以承担一半的摊位费、租机费用和成本费用，于是创业开始。

由于学校超市的地段比较好，从 5 月份到 9 月份，两人就赚出了一年学费，秋冬来临，两人又商量着如何在超市卖掉渣饼和热牛奶。

对小刘的访谈：

问：创业以来困难挺多，你是不是开始想不干了？

答：是啊，亏得王老师，又是打气，又是出主意。

问：他是怎么帮助你分析的呢？

答：一项一项地克服啊，我是开始对整个困难，缺乏细致分析的能耐，就有点打退堂鼓。

问：小周和你干，分钱不产生纠纷？

答：我们事先商量好的，一半一半，按销售额分钱。

2.创业示例反馈二：平和的创业心态

学生小王进了一批袜子，开始卖得很好，后来他看到销路很旺，一口气进得太多，结果积压了不少袜子。宿舍里堆得都是袜子，在校园里削价卖也卖不动。创业导师李老师帮他分析了情况，认为没有了解市场的饱和和供需关系，提出另辟蹊径。小王到校外的夜市蹲了好长时间，才把这些袜子处理干净。最后他总结虽然没有赔本，但是搭上了不少时间，为当初错误的决策买单。

对小王的访谈：

问：为什么开始进了那么多的袜子？

答：开始挣了钱，架不住同寝的几个吹捧，扩大营业额了呗。

问：最后甩货了吗？

答：还得说人家李老师，人家说你得去人多的地方，我就去那里处理明白了。

3.创业示例反馈三：培养沟通技巧

校园的化妆品摊位流连的是爱美的女大学生，她们爱面子，还不爱多花钱。穿戴整齐，有点模特气质的女生小丽在卖眼影、唇膏、眉笔和美白霜。我们去的时候，正好她正和一位皮肤有点黝黑的女生交谈。很快的，女生被小丽说动了，掏钱买下了美白霜。

对小丽的访谈：

问：你真行，不愧是销售高手，你怎么说的？

答：还得是人家愿意买，她特想美白，我说：说这产品有美白、亮泽的功效，抹上会更加俏丽。

问：那她就乐意了？

答：对啊，我还说，这是牌子货，我有进货渠道，加上费用很低，所以你这个价格就能拿下来。

问：如果你说，这产品你抹上就变白了，特神奇，那会怎么样呢？

答：人家不得瞪我，别说买了，以后来都不来了，不能影射人家黑。

4.创业示例反馈四：诚信的创业精神

学生小孟给我们讲了一个事：最近他上了一批快餐，在中午学生下课时，在超市一角贩卖。有一天，一个学生给他打了电话，要订 3 份，请他给留着。正好那天学生买快餐盒饭的很多，但是左等右等，也不见这个学生来。都快 1 点了，旁边的人都劝小孟把那几份卖出去。小孟还是信守承诺，留着这 3 份。直到晚上 6 点，那个同学才赶到超市，和小孟道歉，原来是突然有个急事，没到下课就被城南的舅舅给叫走了，他把这事给忙忘了，并要给小孟钱，当然小孟没有收他的钱。后来他们成了好朋友，那个同学也帮小孟做了很多事。

对小孟的访谈：

问：那个学生不是不来的吗，怎么不卖出去？

答：就是没有确定来与不来，只能按一会儿就来算，如果卖出去，人家来了，那场面多尴尬。

问：这就是守信吧，那你不吃亏吗？

答：做买卖就不怕亏，其实也亏不了多少，问心无愧就行呗。

问：做买卖坚守诚信，你为什么坚持？

答：创业指导课上老师讲的，如果你不诚信，那最后就亏大了，好心有好报呗。

问：如果有人要订 15 份，怎么办？

答：就不能让他取了，我们让他留电话，送餐。不过，这两天送餐的小魏下厂实习，有人订的话，就不能给送了，和他们讲清楚。

5.创业示例反馈五：科技创新，促进创业

2013 年 6 月，小郑同学从烟台南山学院电气与电子工程系通信技术专业毕业，毕业后到一家科技公司做技术开发工作，每月 6000 元底薪，家里很满意了，但干了半年以后，小郑和一起的两个同事出来单独成立了一个物联网开发公司，第一单就接了个上海开发订单，现已小有规模。

问：做技术开发不是很好吗，怎么想起来创业？

答：我喜欢技术，但还是希望能发挥其最大价值。

问：选择创业，你不怕失败吗？

答：我从事的物联网电子产品开发投入不大，主要是开发时间、技术投入。大不了我再回去做技术，也没什么太大损失。

问：促使你走上创业之路，学校给你的关键影响或者说作用是什么？

答，当然是技术，是专业能力的提高，给我底气。要不然雇人搞开发，那风险可就大了。

问：为什么有些同学技术比你好，却是你选择了创业之路呢？

答，在我们零点社团，有很多技术高手，我在专科里面还算好点的，但是我从小就愿意尝试新事物，新体验，是我不太安分吧。

6.创业示例反馈六：创业培训报告，培养创业精神

2014 年 5 月 16 日，由烟台南山学院工学院电气与电子工程系和继续教育中心共同举办的 SYB 创业培训宣讲会，在东海校区 69 号楼 D102 教室举行。继续教育中心孔鹏老师主讲，电子电气系 500 余名师生参会。

SYB（Start Your Business 的缩写，意为创办你的企业）培训是 SIYB 体系（Start and Improve Your Business 的缩写，意为创办和改善你的企业）中的一个模块，SIYB 体系是国际劳工组织（ILO）和中国劳动与社会保障部积极倡导的专门为创业者、中小企业量身定做的社会化创业全程扶持指导体系，目的是以创业促进就业。

会上，孔鹏老师对 SYB 创业培训班硬件、师资等方面进行了详细介绍，并结合自己在企业人力管理上的经验，以及身边的创业成功案例，在传统培训的基础上增加了创业实训模拟，让学员学到创业的各种知识经验和操作技能。培训会上，孔老师为同学们播放了 SYB 宣传的视频，同学们从视频中了解到了国家对大学生创业的支持与重视，以及相关扶持和优惠政策。本次宣讲会让同学们对 SYB 有了初步了解，部分同学表示希望可以加入 SYB 创业培训，提高自己的创业意识和技能，为将来的就业和创业打下坚实的基础。

点评：举办创业活动讲座是培养创业精神的方法之一，特点是短时间、高效率地吸引更多的学生加入到创业队伍来，而且案例分析的方法也比较容易让学生们接受。但是，正像宴会代替不了家常饭菜一样，平日的创业课程是必不可少，而且学生最关键的是创业实践和实践中导师的指导。

在问卷中的不同角度来看：

从创业意愿的角度：创业意愿的人多，创业想法来源广泛，由于是年轻人，多考虑志同道合者。

从家庭角度来看：家庭对创业态度各不相同。

从创业课程的角度来看：多数学生在意创业课程，习惯于教师授课，实践和授课风格支持者差不多，课程要求是创业实践或是人际交往的。

从创业领域来看：所学专业知识不认为有用，创业知识不够多，商务知识比较重要，创业选择自己感兴趣的领域，校园创业对学习有影响。

从创业的看法来看：创业的认识不统一，熟人面前做生意，感受不同；大学生创业优势是年轻、网络信息能力强；劣势是缺经验人脉、缺项目、缺钱、缺好心态。

从创业心态上来看：多数人不参与创业，创业前景五味杂陈，在校园

里创业环境比较满意。

从创业目的上来看：创业目的各有不同，创业对于大学生来说，属于非主流，面对创业，心态比较彷徨。

另外，在访谈中，得出大学生的自信心需要培养，创业心态需要平和，已创业的学生，沟通技巧和诚信精神等都是不错的。

综上，大学生与社会上的创业者来比，相对纯净得多，父母家庭基本上对创业认识不多，也无力支持；习惯于授课学习创业，商务知识、人际关系和创业案例等与枯燥的专业知识相比，很受学生的欢迎；非常了解自己的优缺点；虽满意学校的轻松气氛，但是多数人不参与创业；学生的创业目的各不相同，找工作的思维与创业相比，还是略占上风的。学生的自信心和平和心态需要培养，沟通技巧和诚信精神都不错。

用更简单的描述性语句来形容，就是九零后应用型本科大学生的创业精神特质是：好奇、渴望自立、迷惘、功利心强、心理易波动、有朝气、缺创业的软硬件、单纯，等等。

（六）提升创业精神及创业能力措施

综上，大学生创业精神培养要从学校、教师和学生三方面入手。

1.学校方面

要从学校的制度和创造的创业文化氛围开展，有一个创业的环境。从创业项目的申请，到创业项目的审批，创业项目的管理，创业团队的变更和终止，奖励和处罚政策。不定期地举办各种创业主题活动，扩大创业教育的影响力，有条件的高校设置创业园，评选创业明星，组织大学生参与创业征文、创业演讲，大力宣传成功创业的案例。在学校的宣传栏、广播站设置创业栏目，对学生进行创业意识教育，参加国家级或省级的创业大赛，对参赛选手重点培育。如果条件允许，学校可以开设创业论坛，弘扬和宣传创业教育，构建浓郁的创业文化氛围，为有创业意向的同学提供力所能及的协助，包括创业贷款、费用减免等。

2.教师方面

主要在创业课程和师资两方面需要提高。目前，各大高校的创业教师严重缺乏，并多以商学院经济学的教师为主体，存在教师短缺、专业单一、缺乏实践经验、教育研究成果不足等问题，使高校教师整体水平远远不能满足培养大学生创业能力的要求。创业教育是一门实践性很强的学科，不仅需要授课教师拥有丰富的理论基础知识和讲授技能，更应具备扎实的创业实践指导能力。为了解决这种问题，需要采取引进和培养并举的措施。创业导师需要定期指导学生创业活动，目前这个人数并不多，表现在教师的责任心和能力都需要提高。创业课程方面，很少使用先进项目教学法，根据案例向学生说明创业中出现的问题如何应对，而是使用传统的“传习式”，这样课程的授课效果大打折扣。

3.学生方面

首先表现在创业理念上，也即对创业的认识上。树立创业光荣、创业自信的精神。正确处理好创业和平日的专业学习的关系。学习创业知识、掌握创业技巧，最重要是树立自强自立、吃苦耐劳、合作、诚信等精神，加强挫折心态的锻炼，这才是创业的根本。这些精神培养，可能不是以创业的名义来进行教育的，但是能够给创业活动带来益处。

其次就是学生的创业活动。“心动不如行动”，如果没有创业活动的开展，所有的创业教育和创业学习都是空谈，所以，帮助学生选择合适的项目，解决眼下的各种创业面临的难题，是创业导师的任务。

综上，大学生创业精神培养要从学校、教师和学生三方面入手。

第六章　工科大学生科技创业实践分析

“创新促进创业，创业带动就业”，在创业就业新常态下，传统的全民下海经商模式已一去不再，创新创业将成为新的形式，创新是源泉、创业是载体、就业是果实。在创业者的故事中，有成功也有失败，有喜悦也有沉痛。对于后人来说，前人的经验都是宝贵的经验，通过揣摩他们的创业过程，分析其中的奥妙，都将使我们在创业的过程中受益匪浅。

第一节　创业者必备的素质

一、基本素质

（一）完善的知识结构

1.牢固的专业知识

合理的知识结构有利于同化旧有的知识或概念，形成新的观点和观念。因此，一位优秀的创业者，要具有“专与博”相结合的知识结构。

工科大学生将成为科技创新创业的主力军，那么创新是源泉，科技是核心，学生牢固的掌握专业知识，勇于创新实践探索，积累创新能力与成果，同时拓展广博知识，它不仅是创业者未来发展的基础，同时也为创业心理与行为提供了一个基本的认知框架和背景。

2.广博的综合知识

对于大学毕业生来说，专业知识应是其知识结构的核心部分，也是人才资源知识结构的特色之所在，是创业成功的基本条件，同时，非专业知识对成功创业也起着至关重要的作用。包括如下内容。

①经营管理知识。

②法律知识。

③商业知识。

④社会技能、方法论等知识。

因此，在大学生创业教育中，只有通过广博、稳固的非专业知识的辅助，专业知识的作用才能得以充分发挥。只有具备了深厚的专业知识与广博的非专业知识，才能正确分析形势和事物的发展趋势，把握全局，有独到的见解和谋略，才能认清事物的本质和规律，最终实现自己的创业目标。

（二）鲜明的个性

个性是创业者的一个十分重要的素质。可以肯定地说，没有个性，就没有创造性。

通常来说，个性有以下两个含义。

第一，在生命舞台上，个人扮演的角色。

第二，人的实质的自我。

在西方文化中，个性与人格往往具有相同的概念。如果再具体细分的话，也存在一些差别，个性是指人的个体的特质，而人格则指人的个体的行为风格。

1.独立性

著名的心理学家马斯洛肯定地说："有创造性的人属于自我实现的人。"由此可见，一个独立的人非常重要的前提，就是敢于展现自己，实现自己，能够独立自主地回答：我是什么?我能做什么?我能做成什么?我的价值是什么?

换句话说，一个具有独立性的人，他们具有独立生活、独立思考、独立研究和独立行动的特征。独立性与依附性是相对立的，如果没有主宰自己命运的勇气和自控能力，那么是很难实现其自身的独立性的。

2.求异性

求异的个性，赋予了人们积极进取的动力和蓬勃向上的生命力，这种求异性，来源于人的不断增长的需要，是人不知足本性的反映。

在创业过程中，与求异的个性相关的还有批判、探索和求变等心理特征，这些也同样是一个创业者所必需的。

3.进攻性

进攻是最大而且也是最有效的防卫。凡是观看过拳击比赛的人，都会有相同的感觉。如果你不进攻，你就总是处于被动挨打的地位，而且失去了得分的机会。

创业也是一样，如果你不主动进攻，就休想占据有利的地位，也不能占有最大的市场。在科学发展史上，有着无数的生动事例，由于研究者放弃了主动进攻的精神，最后贻误了发现、发明的机会。这种教训，是每个创业者都应当牢牢记取的。

总之，只有发挥进攻性，才能发挥人的积极性，也才能激发出人的最大的创造潜能。

4.好胜心

在思想传统的人看来，“逞强好胜”是一个贬义词，至少是很忌讳的。相反，从创造学上讲，“逞强好胜”恰恰是一个创造型人才最宝贵的品格，它是一个人的自尊心、自信心的表现，是实现自我价值的驱动力。

5.坚韧性

任何创业都不可能是一帆风顺的，在创业的道路上，既有成功也有失暇。正如举世无双的发明家爱迪生所说：“我的成功乃是从一路失败中取得的。”

由此可见，成功要靠坚韧不拔的精神去克服困难，当面对失败时，又要凭借顽强的毅力承受失败的打击。因此，坚韧性是创业者必不可少的品格，它是区分强者与弱者的重要标志。

（三）一定的创业能力

创业能力是大学生创业素质的一个重要方面，是创业者顺利完成创业活动所必须具备的心理特征。

1.开拓创新

与创业密切相关的就是创新，简而言之，创新就是一种不断突破旧事物、创造新事物的过程。这主要是指基于一种新的思想和方法对原有事物进行改造或在这种思想方法指导下进行的创造性活动。

就创业本身来说，它所具有的开创性特征使创新能力成为创业者立业的基础。因此，开拓创新能力亦成为成功创业者最重要的能力之一。

对于大学生创业者而言，要使自己的事业不断发展，就要不断推陈出新。必须善于捕捉并发现创业机会，发现原有事物的缺陷，捕捉新事物的萌芽，提出新的切实可行的解决问题的措施和方案。

2.组织管理

组织管理能力主要包括协调关系的能力和善于用人的能力等。有效的组织管理能起到如下作用。

①有效地实现大家共同的创业目标。

②在创业中灵活运用各种方法。

③合理组织创业团队中的各种力量。

④有效地协调各方面有序运作。

组织管理能力是知识、素质的外在综合表现。从某种角度讲，每一个人都是组织管理者，承担着一定的组织管理任务。

3.协调关系

对大学生而言，要想创业成功，还需要培养自己的人际协调能力。在社会中，人是构成社会的基本单位，社会中的一切活动都是以人为主体进行的，因此，人的问题始终是管理的最核心和最本质问题，任何活动都离不开人与人之间的交往。

明白了这一点，我们就能够明白，创业活动也不例外，企业本身就是要依靠人才能运作起来，单凭创业者一个人是难以成功的。要运作好企业不仅需要协调好企业内部成员的关系，也需要协调好企业与顾客、社区、政府、社会的外部关系。

为此，我国高校在进行创业教育时，要有意识地培养大学生与他人的协作能力，这是创业者获得他人和社会支持的重要前提条件，对创业者事业成功具有重要而积极的作用。

二、成功必备素质

（一）眼界

通过调查研究发现，真正的见多识广，主要是指要有市场的预见性，在创业过程中，对于创业者来说，能够发现别人尚未发现的市场空间，广博的见识，开阔的眼界，都是十分必要的。

对于成功的创业者来说，见多识广不是夸耀，是要有效地拉近自己与成功的距离，可以很使创业活动少走弯路。一般说来，他们的创业思路有以下几个共同来源。

1.职业

创业活动成功的几率，俗话说，不熟不做，对行业的运作规律、技术、管理都非常熟悉，由原来所从事的职业下海，这是最常见的一种创业思路的来源。

2.阅读

阅读包括图书、报纸、杂志等，范围很广，比亚迪创始人王传福的创业灵感，就来自一份简报似的东西。他在一份国际电池行业动态上读到镍镉电池生产基地的国际大转移，意识到自己创业的机会来了。王传福利用日本企业撤出留下的市场空隙，做得顺风顺水，随后的几年，由于自己原先的技术和人脉基础，王传福在电池行业涨水似地往上冒。于 2002 年，进入了《福布斯》中国富豪榜。

3.行路

《福布斯》中国富豪里面少有的女富豪之一沈爱琴，说开阔眼界的好方法，就是各处走走看看，出国不是为了玩，“读万卷书，行千里路”，正所谓出国就是去增长见识。不仅如此，还有研究表明，有二成以上创业者最初的创业创意来自他们在国外的旅行、参观、学习。像刘力 1995 年创立北京大众拓展训练有限公司，将拓展训练当或自己创业的主要落脚点，灵感就来自其在英国、瑞典等国考察时，对拓展训练的接触。

4.交友

对于创业者来说，有些最初的创业主意是在朋友的启发下产生的，要想赚到更多的钱，很多创业者广交天下友，有空的时候到处多走一走，不断地开拓自己的社交圈子，和明友谈一谈天，对想要创业的人来说也是非常重要的。

此外，多交结些各界朋友，让自己“眼界大开”，多阅读，多观察，多思考，只有这样，才能为创业做好最充足的准备。

（二）明势

借力而行，行必风行；借势而跃，跃必飞跃。这说明了明势的重要性。通常来说，作为一个创业者，明势的意思分两层，一要明势，二要明事。

1.明势

所谓势，就是趋向。做过期货的人都知道，要想赚钱关键是要做对方向，这个方向就是势。

(1) 大势

通常，对于创业的人，势分大势、中势、小势。因此，在创业过程中，一定要跟对形势，要研究政策，这是大势。

顺势而作，就是顺水行舟。很多创业者是不太注意这方面工作的，一般说来，在政策方面，国家鼓励发展什么，限制发展什么，对创业之成败更有莫大关系（图 6–1）。

图 6-1 顺势而为

创业更要明确这一道理，在创业过程中，大到国家领导人的换届，小到一个乡镇普通官员的去留，都可能会对自己有影响。如果做反了方向，那么一定会鸡飞蛋打。政策研究对一个创业者来说，是为了明大势。如果你做对了方向，朝着国家政策鼓励的层面努力，那么会事半功倍。

因此，观察政府，研究政策，迎风破浪、引领潮流有时能取得更大的成功。

(2) 中势

就是市场机会。换句话说，人们现在喜欢什么，不喜欢什么，现在市场上时兴什么，流行什么。例如，俞敏洪赶上全国性的英语热和出国潮，这就是发现了创业的方向。否则，就是使再大的劲，洒再多的泪，也不会有今天的成功（图 6–2）。

图 6-2 抓住机遇

(3) 小势

就是在选择创业项目时，个人的能力、性格、特长。在创业过程中，一定要找那些适合自己能力，可以发挥自己特长的项目，创业是一项折磨人的活动，因此，创业者一定要选择契合自己兴趣的项目，还要抱定受罪的心理准备，只有这样，才有利于做持久性的全身心投入，创业才能取得成功（图 6–3）。

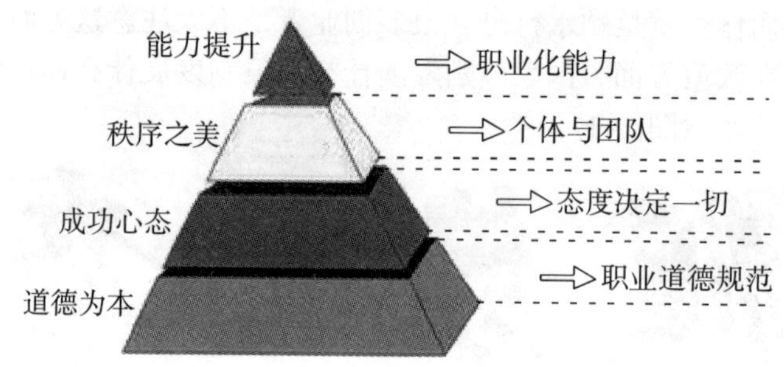

图 6-3 个人能力

2.明事

创业不是为了赌气，对于一个创业者来说，创业的首要目的是为了合法合理地赚钱，老话说："世事洞明皆学问，人情练达即文章。"更何况，对于创业者来说，是在一个夹缝里求生存的活动。

因此，要懂得人情事理。尤其处于社会转轨时期，创业者在各项制度、法律环境都不十分健全，因此，一定要明势，只有先顺应社会，才能避免在人事关节上出问题。

此外，不但要明政事、商事，还要明世事、人事，这应该是一个创业者的基本素质（图 6–4）。

图 6-4 懂得管理智慧，明白人情事理

（三）忍耐

这主要指的是肉体上和精神上的折磨，中关村华旗的老总冯军是清华大学的高才生，毕业后宁愿跑到“村里”自己打江山。冯军在中关村有“冯五块”的称号，是因为他每样东西只赚你5元钱。这样的生活，他坚持了下来（图6–5）。

图 6-5 学会忍耐

（四）敏感

针对创业者来说，敏感不是神经过敏，是对外界变化的敏感，尤其是对商业机会的快速反应。

对创业者来说，如果你有心创业，那么就应该训练自己的商业感觉。有些人的商业感觉是天生的，而更多的人则依靠后天培养良好的商业感觉，是创业者成功的最好保证（图6-6）。

图 6-6 把握商业敏感

（五）谋略

对于创业者来说，智慧是不分等级的，在创业过程中，要使用正确的谋略，使之能够帮助创业者实现自己的目标，与此同时，高明合理的谋略还能更好的开拓创业者的眼界。

因此，对于创业者来说，我们可以归结创业者智慧，也就是不拘一格，出奇制胜（图 6–7）。

图 6-7 谋略

（六）胆量

创业本身就是一项冒险活动。需要的是最有胆量，敢下注，科学研究发现，想赢也敢输的人，心理承受能力远远强过普通人，而创业正是最需要强大的心理承受能力（图 6–8）。

图 6-8 心理承受能力

研究发现，大凡成功人士都有某种程度的赌性，企业界人士犹然。很多创业者在创业的道路上，都有过“惊险”的经历。

由此可见，创业需要胆量，更需要冒险。冒险精神是创业家精神的一个重要组成部分，但我们仍要注意，冒险不等同于冒进。冒险是经过努力，有可能得到。

因此，作为创业者来说，一定要分清冒险与冒进的关系，要区分清楚什么是勇敢，什么是无知。而在无知的冒进中做事，只会使事情变得更糟，行为也将毫无意义（图 6–9）。

图 6-9 培养自己的胆量

（七）资源

每一个创业的人，都必然有其凭依的条件，也就是其拥有的资源。一个创业者的素质如何，看一看其建立和拓展资源的能力就可以知道。

就创业者的资源来说，可分为外部资源和内部资源两种。

1.内部资源

就内部资源来说，主要是创业者个人的能力，创业者的家族资源也可以看做是很重要的一部分。当然，在创业过程中，其所占有的生产资料及知识技能，拥有一份良好的内部资源，也就是人们通常所说的有形资产及无形资产，对创业者个人来说无疑是重要的（图 6–10）。

图 6-10 创业内部资源

只不过，我们需要注意的是，这种有形资产和无形资产属于个人。

2.外部资源

对于创业者的外部资源，首先是同学资源。对于大学生创业者来说，学知识是一方面，交朋友是更重要的一方面。实际上，在创业过程中，同学之间因为接触比较密切，彼此比较了解，同时因为少年人不存在利害冲突，成年人则大多数从五湖四海走到一起，彼此也甚少存在利害冲突，所以友谊一般都较可靠，纯洁度更高。对于创业者来说，是值得珍惜的最重要的外部资源之一。

其次是战友、同乡资源，这些关系中有共同的人文地理背景，使老乡有一种天然的亲近感（图 6-11）。

图 6-11 战友情

再次是职业资源，也就是创业者在创业之前，为他人工作时所建立的各种资源，在创业过程中，能够充分利用职业资源，从职业资源入手进行创业，是很好的创业教条，已成为许多创业成功人士，在创业过程中的捷径和法宝。

最后是朋友资源。对于一个创业者来说，朋友是一个总称。在创业过程中，朋友犹如资本金，对创业者来说是多多益善（图 6-12）。

图 6-12 朋友资源

通观成功的创业，能够看出，创业者的智谋，将在很大程度上决定其创业成败。尤其是在目前产品日益同质化，市场有限，竞争激烈的情况下，创业者不但要能够守正，更要有出奇能力。

（八）分享

作为创业者，一定要懂得与他人分享。一个不懂得与他人分享的创业者，是不可能将事业做大的。

若干年前，中关村的一位创业者在中关村做产品供求信息。在很短时间内就买了车，买了房，但是对自己的员工却很抠门，他说这叫低成本运作。现在七八年过去了，这位创业者的公司，依旧是寒酸的模样，逐渐没落。

比较郭凡生和这位创业者的区别，最大的不同就在于懂得与众人分享。1991 年，郭凡生创立慧聪，对于学经济出身的郭凡生来说，定制他的劳动股份制如下。

"我们规定，慧聪公司的任何人分红不得超过企业总额的 10%，董事分红不得超过企业总额的 30%。当时我在公司占有 50%的股份，整个董事占有的股份在 70%以上，有 20%是准备股，但是连续 8 年，慧聪是把 70%以上的现金分红分给了公司那些不持股的职工，而我们这些董事规定得很清楚，谁离开公司，本金退还，不许持股。所以我们这些董事又都是公司总裁、副总裁，参与的也是知识分红。慧聪早在 1992 年初创立的时候，就确立了按知识分配为主的分配方式。"

郭凡生说，做生意的人都会算账，只不过有些人算的是大账，有些人算的是小账。由此可见，分享不仅仅限于企业或团队内部，因此，对创业者来说，对外部的分享有时候同样重要。可见，对创业者来说，分享是明智的选择（图 6-13）。

图 6-13 学会分享

（十）反省

反省是一种学习能力，创业是一个不断摸索的过程，创业者就难免在此过程中不断地犯错误。因此，反省正是认识错误、改正错误的前提。

对创业者来说，反省的过程，就是学习的过程。有没有自我反省的能力，具不具备自我反省的精神，决定了创业者能不能认识到自己所犯的错误，能不能改正所犯的错误，是否能够不断地学到新东西。

作为一个创业者，在创业过程中，遭遇挫折，碰上低潮都是常有的事，在这种时候，反省能力和自我反省精神能够很好地帮助你渡过难关（图 6-14）。

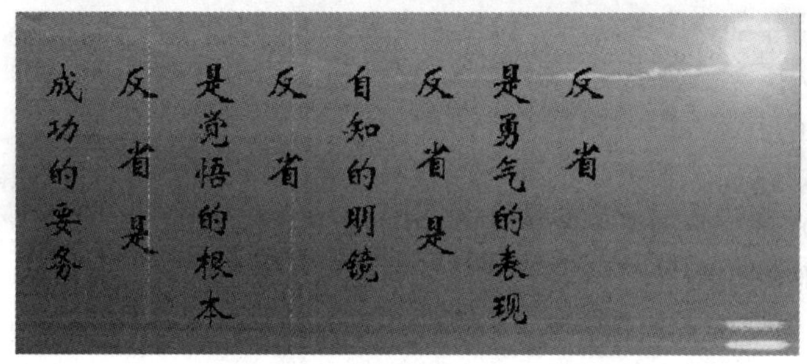

图 6-14 学会反省

对于上述创业者需要的十项必备素质，每一项素质都很重要，在这些素质中，有些素质是天生的，但大多数可以通过后天的努力而改善，因此，如果你能够从现在做起，时时惕厉，培养自己的素质，你的创业成功一定指日可待。

第二节 创业团队的建设

一、概述

（一）内涵

团队的定义，近年来有多个不同的解释。

①路易士认为，团队是由一群有共同目标、工作相处愉快，认同并致力于去达成共同目标的人所组成，在这一定义中，这一群人相处愉快并乐于一起工作，高品质的结果是路易士强调的重点，这样才能为达成高品质

的结果而共同努力。

②盖兹贝克和史密斯认为，一个团队是由少数具有“技能互补”成员所组成，在这一定义中，技能互补和分担责任是其重点，他们认同于一个共同目标，团队人少的集合，保证相互交流的障碍较少，比较容易达成一致。

此外，它们还指出，一个能使他们彼此担负责任的程序，是团队区别于群体的重要特征。只有容易形成凝聚力、忠诚感和相互信赖感，团队必定以达到一个既定结果为最终目标。

综上所述，在团队当中，愉快相处，快乐工作，团队可以被认为是由认同于一个共同目标的具有技能互补的少数人组成，利用每一个成员的知识和技能，协同工作，解决问题，他们在一个能使他们彼此担负责任的程序下，达到共同目标，共同为达成高品质的结果而努力（图 6–15）。

图 6-15　团队

可以说，仅就创业团队而言，以达到一个既定结果为最终目标，一般是由两个或两个以上具有一定利益关系的人，他们在彼此间，共同组建形成的高效工作团队，共同目标是团队区别于群体的重要特征。通过分享认知和合作行动，共同承担创建新企业的责任。

（二）要素

1. 目标

对于创业团队来说，目标是指通过一个共同目标，为团队成员导航，一个团队能够把工作上相互联系、相互依存的人们组成一个群体，就应该有一个既定的共同目标，使之能够以更加有效的合作方式达成个人的、部门的和组织的目标。

由此可见，在创业企业的管理中，目标就是知道要向何处去，以创业企业的远景、战略的形式体现。若没有目标，那么这个团队，也就没有存在的价值（图 6–16）。

图 6-16 确定目标

2.定位

在团队定位中，通过何种方式很重要，要改造一些习惯性的定势思维，同现有的组织结构相结合，让来自不同领域的成员真正成为一个更具合作性的团队伙伴，从而创造出新的组织形式。

具体来说，有以下三个步骤。

①确定组成人员。

②明确负责人。

③激励成员。

④制定规范，规定任务。

3.计划

在创业的过程中，计划的存在解决了两个方面的问题，通过计划，解决职责和权限具体分配，制定计划，指导团队成员分别做哪些工作以及怎样做。

一般说来，有以下两个方面。

①由于目标最终的实现需要一系列具体的行动方案，因此，可以把计划理解成达到目标的具体工作程序。

②按计划进行可以保证创业团队及各项工作的顺利进行。

只有按照计划进行操作，创业团队才会一步一步地贴近目标，从而最终实现目标（图 6-17）。

图 6-17 制定计划

4.职权

一般来说，在创业团队当中，职权指团队担负的职责和相应享有的权限，职权的确定主要取决于团队类型、目标、定位和组织的规模、结构及业务类型等。即团队的工作范围和在某范围内决策的程度。

通常，领导人的权力大小与其团队的发展阶段和创业实体所在行业相关，实际上是团队目标和定位的延伸。由此可见，在创业团队发展的初期阶段，领导权相对比较集中。当创业团队越成熟，领导者所拥有的权力相应越小（图 6-18）。

图 6-18 正确使用权利

5.人员

通常来讲，在一个创业团队中，不同的人通过分工来共同完成创业团队的目标。人员是构成创业团队最核心的力量，在人员选择方面，要考虑人员的能力如何，技能是否互补，人员的经验如何。

由此可见，人力资源是所有创业资源中最活跃、最重要的资源，在选择和确定团队人员时，应充分调动创业者的各种资源和能力，必须认真细致地从多方面考察候选者，将人力资源进一步转化为人力资本。

一般，人员的确定大致包括考察候选人的技能、学识、经验和才干。更为重要的是，以上这些要素要尽量符合团队的目标、定位、职权和计划的要求（图 6-19）。

图 6-19 合理确定团队人员

（三）类型

1.星状创业团队

在这种团队中，有一个核心人物充当领队角色。一般是在团队形成之前，核心人物已经就团队组成进行过仔细思考，根据自己的想法选择相应人员加入团队，这些加入创业团队的成员也许是核心人物以前熟悉的人，也有可能是不熟悉的人，这些团队成员在企业中更多的是支持者角色。

我们可以进一步总结出星状创业团队的主要特点有以下几点。

①组织结构紧密，向心力强。

②决策程序、组织效率较高。

③决策失误风险加大。

④核心人物具有特殊权威。

2.网状创业团队

这种创业团队，没有明确核心人物，在这种创业团队组成时，在创业之前有密切的关系，在交往过程中，共同认可某一创业想法，如同学、亲友、同事、朋友等。就创业达成了共识以后，开始共同进行创业。

大家根据各自特点进行自发组织角色定位。在企业初创时期，各位成员基本上扮演的是协作者或者伙伴角色。

①整体结构松散。

②决策效率相对较低。

③团队成员地位相似。

④平等协商，容易导致整个团队涣散。

3.虚拟星状创业团队

虚拟星状创业团队由网状创业团队演化而来，在这样的团队中，有一个核心成员，是前两种团队的中间形态。

但是，核心人物不是主导型人物，从某种意义上说是整个团队的代言人，核心成员地位的确立是团队成员协商的结果，不如星状创业团队中的核心主导人物那样有权威。

（四）意义

1.从数量角度分析

无论是制造业中的家族企业，还是现在的高科技行业，团队创业的企业比个人创业的企业要多。特别是当前的高科技行业，它所要求的能力远超过个人所拥有的。

2.从质量角度分析

大量的实证研究表明，团队创业的企业在存活率和成长性两方面都明显高于个人创办的企业。

3.从重要性角度分析

根据高阶理论，一个企业的高层团队对这个企业的创办、生存和发展最为重要。因此，创业团队的组件和管理在创业过程中的意义和作用，就显得十分重要。

（五）作用

许多研究和实践都证明了团队工作方式能够有效提高企业绩效。很多成功的创业者也都认为，在企业中采用团队形式至少可以有以下几个方面的作用。

1.促进团结

这主要是指这种创业方式，能促进团结和合作，提高员工的士气，增加满意度。

2.便与思考

团队的创业方式，能够使管理者有时间进行战略性的思考，而把许多问题留给团队自身解决，从而提高团队效率。

3.便于决策

团队的创业模式，能够有效提高决策的速度。这是因为，团队的成员离具体问题较近，所以团队决策的速度比较迅速。

4.提高效率

团队的创业模式，能够促进成员队伍的多样化，从而进一步提高团队和组织的绩效。

通过分析可以看出，没有团队的新创企业不一定注定失败。但是，没有一个团队而建立一个高成长潜力的企业是极其困难的。因此对于创业者来说，拥有高素质创业团队的新创企业，不仅可以相互取长补短，拥有更多的资源、更广阔的视野和更强的能力，而且有更强的吸引私人资本和风险投资的能力，因而具有更大的增长潜力。

二、组建

（一）基本条件

1.良好的团队理念

⑴ 凝聚力

每个人的工作都应该相互依赖和支持，作为一个团队，团队工作不是靠个别“英雄”展开工作，是共享收益，共担风险的，因此，拥有正确团队理念的成员，要能够相信他们时处在一个命运共同体中，从而依靠事业成功来激励每个人。

⑵ 诚实正直

团队精神能够排斥纯粹的实用主义或利己主义，诚实正直可以作为团队的行事风格，这样的风格拒绝狭隘的个人利益，有利于顾客、公司创造价值。

(3) 有长远目标

成就一番事业，拥有正确的团队理念，是一个团队最终的资本回报，在创业过程中，能够使成员相信他们追求的不是当前的收入水平、地位和待遇，而是正在为企业的长远利益工作的。

(4) 承诺价值创造

拥有正确团队理念的成员承诺价值创造，也就是承诺为了每个人的利益而努力做大“蛋糕”，这不仅包括使供应商随着团队成功而获益，更包括为顾客增加价值，从而为团队的所有支持者进一步谋利。

2.明确发展目标

目标在团队组建过程中具有特殊的价值。

(1) 目标是一种有效的激励因素。

在创业过程中，随着团队目标的实现，一个人认为自己可以从中分享到很多的利益，那么，他看清了团队的未来发展目标，并把这个目标当成是自己的目标，并为实现这个目标而奋斗。

从这个意义上讲，在创业过程中，共同的未来目标是创业团队克服困难，取得胜利的动力。

(2) 目标是一种有效的协调因素

可以说，在一个团队中，各种角色的个性、能力有所不同，但是“步调一致才能取得胜利”。这也就是“上下同欲者，胜。”的道理。

因此，不论事业大小，只有真正目标一致、齐心协力的创业团队才会得到最终的胜利与成功。

3.统一管理机制

管理机制是确保团队正常运行的必要条件，也是团队建设与管理的保障。一般来说，主要有以下几个方面的内容。

(1) 妥善处理团队内部各种利益关系

针对这一点，主要可详细分为两个方面的内容，只有妥善处理各种利益关系，才能更好发展。

(2) 制订管理规则

一般来说，团队创业管理规则的制订，要有前瞻性和可操作性，要遵循先粗后细、由近及远、逐步细化、逐次到位的原则。这样有利于维持管理规则的相对稳定，而规则的稳定则有利于团队的稳定和健康有序良好的发展。

(3) 明确等级原则

不能随意越级指挥，也不能随意越级请示。可以说，在团队管理中，这三条原则是秩序的源泉，而秩序是效率的源泉。当然，仅有这三条原则是不够的，但它们是最基本的，是建立其他管理制度的基础。

（二）组建原则

1.激情原则

在团队组建过程中，激情是衡量一个人是否能够成功的基础标准。任何人，不管其专业水平如何，对于创业团队而言，如果对事业的信心不足，将无法适应创业的需求。

因此，一定要选择对项目有高度热情的人加入，在创业初期，整个团队成员可能需要每天十几个小时在不停地工作，所以一旦有消极情绪，这种消极因素对创业团队所有成员产生的负面影响可能是致命的。因此，要使所有人在企业初创期就做好每天长时间工作的准备。并在高负荷的压力下仍能保持创业的激情。

2.合伙人原则

一般企业都是通过招员工的方式建立团队，而员工都是在做“工作”。因此，对于创业团队而言，需要招的是“合伙人”，因为“合伙人”做的是事业。

由此可见，一个人只有把工作当作事业，才有成功的可能，一个企业只有把员工当作“合伙人”，才有机会迅速成长。

3.团队原则

在团队建设中，经营成果能够公开且合理地分享，没有个人英雄主义，可见，团队是企业凝聚力的基础，每一位成员的价值表现为其对于团队整体价值的贡献。由此可见，个人利益是建立在团队利益基础上的，团队的成败是整体的而非个人的。

因此，在团队建设中，每一位成员都应将团队利益置于个人利益之上。可以说，成员必须愿意牺牲自己的短期利益来换取团队的成功果实，能够同甘共苦，不计较短期薪资、福利、津贴等，团队就会形成坚强的凝聚力与一体感。

4.互补原则

对创业者来说，建立优势互补的团队是创业成功的关键。在团队建设中，寻找团队成员，首先要弥补当前资源能力上的不足，“主内”与“主外”的是不同的人才，寻找所需要的配套成员。

可以说，要针对创业目标与当前能力的差距，创业团队，要寻找耐心的“总管”和具有战略眼光的“领袖”，技术与市场两方面的人才，都不可缺少。

因此，创业团队还要注意个人的性格与看问题的角度，成员间的能力通常都能形成良好的互补，团队里必须有总能提出建设性意见和不断地发现团队问题的成员，这种能力互补，才能有助于强化团队成员间彼此的合作。此外，还要注意，一个人人都喜欢说好话的组织绝对不可能成为一个优秀的团队。

（三）组建模式

1.公司制

这是设立有限责任公司或股份有限公司，也就是创业投资采用公司制形式，一般来说，运用公司的运作机制及形式进行创业投资，采用公司制的优势主要有以下几个方面。

①有效集资。

②自有资本运作。

③可根据自身发展，进行分配。

④可申请改制上市，股份转让，循环投资。

通常，有限责任公司和股份有限公司在权责上还有很大的不同。股份有限公司是指全部资本由等额股份构成并通过发行股票筹集资本，有限责任公司是由两个以上的创业投资者共同出资，每个投资者以其认缴的出资额对公司承担有限责任。而股份有限公司股东以其认购的股份对公司承担责任。

2.合伙制

对大学学生创业来说，合伙制主要是指依法在中国境内设立的由各合伙人订立合伙协议，一般情况下，较多的采用合伙制，共同出资、合伙经营、共享收益、共担风险，并对合伙企业债务承担无限连带责任的营利性的经营组织。

通常，合伙人执行合伙企业的事务，这有利于将创业投资中的激励机制与约束机制有机结合起来。

具体可以归纳为以下两种不同的形式。

①全体合伙人共同执行合伙企业事务。

②委托一名或数名合伙人执行合伙企业事务。

就合伙制来说，在我国现阶段，创业团队采用合伙形式，主要可分为以下四种。

①亲戚内合伙

②家族内合伙

③朋友间合伙

④同事间合伙

在创业企业中，以家族合伙制为例，一般咨询类、律师事务所和会计师事务所多数采用合伙制形式。不同类型的合伙形式都有自身的优势和不足。

在创业时期，创业者凭借血缘关系或类似血缘关系，甚至不计较报酬，团结奋斗，不仅如此，还能够以较低的成本迅速网罗人才，由于内部信息沟通顺畅，所以能够使企业能在短时间内获得竞争优势。而且，对外部市场信息反馈及时，总代理成本比其他类型的企业低。

但尽管有诸多优点，但缺点也是令人十分头疼的的，那就是这样的企业难以得到优秀的人才，这在某种程度上会制约其迅速发展。

（四）程序和方法

1.撰写创业计划书

这是创业、组建团队的第一步，通过撰写创业计划书，进一步使自己的思路清晰，同时也为寻找合作伙伴奠定基础。

2.现状分析

对于创业者来说，针对自己和创业现状作优劣势分析，首先要对自己正在或即将从事的创业活动有足够清醒的认识，在实践中认真分析自我，并使用优劣势分析法剖析自己的优点、缺点，发掘自己的特长，确定自己的不足。

只有这样，才能够把握自己的性格特征，能力特征，继而对拥有的知识、人际关系以及资金等方面的情况做出合理判断。

3.确定合作形式

通过优劣势的分析，创业者可以根据自己的情况，选择有利于实现创业计划的合作方式，通常是寻找那些能与自己形成优势互补的创业合作者。

4.寻求合作伙伴

在创业过程中，寻求合作伙伴是组建团队的重中之重，对此，创业者可以通过媒体广告、亲戚朋友介绍、各种招商洽谈会、互联网等形式寻找自己的创业合作伙伴。

5.达成创业协议

寻求到有创业意愿的合作伙伴后，双方还需要就创业计划、股权分配等具体合作事宜进行深层次、多方位的全面沟通。

在创业活动还未真正开始前，只有前期的充分沟通和交流，才不会导致正式创业后，出现创业团队因沟通不够而引起的解体。

6.明确权责

在双方充分交流，并且达成一致意见后，创业团队还需对合伙条款进行谈判。

（五）注意事项

1.知己知彼

现在对于许多大学生创业来说，有些创业者认为，由于绝大多数创业团队的核心成员都很少，这个创业团队成员虽少，但是都有自己的想法、自己的观点，通常三四个人各有各的想法。因此，在团队组建过程中，从企业管理角度来看，因为人数太少，所以特别是当团队中具备领导特质的人有两个或两个以上时，每个人的管理理念都有所不同。

因此，对创业团队来说，最多不过十来个人，选择的合作伙伴多是同学、朋友、校友，但实际上，几乎每个从事管理工作的人，都不能报以轻视的态度。团队中的每个成员，虽然都是他的“熟人”，但为什么还是会很快失败，这主要是因为都觉得能够轻易驾驭，“熟人”之间是缺乏交流、沟通。

2.带头人

该在创业团队中，必须有可以胜任的带头人，能够有一呼百应的气势和号召力的领头人，这种团队带头人，在创业团队中，应是团队成员在多年同窗、共事过程中发自内心认可的，不是仅仅靠资金、技术、专利来决定的。

3.正确理念

在创业过程中，要坚信组织能够健康发展下去，相信创业团队一定能够获得成功。不要一开始就想着失败，应该树立坚定的信念，要坚信团队的事业一定成功。

4.严格规章制度

在规章制度的制定方面，在创业最初时，不要碍于情面，就一定要有规章制度，尤其是利益分配更要讲清楚，把该明确的事情明确好，这通常包括增资、扩股、融资、撤资、人事安排及解散等。

这样，在企业发展壮大后，把最基本的责、权、利说得明白透彻，才不会因利益、股权等的分配产生团队矛盾，导致创业团队散伙。

三、管理

（一）角色分配

要研究创业团队的有效管理策略，首先应该掌握创业团队中的人员组成。有时，一些创业团队虽小，但是“五脏俱全”。在组建创业团队时，成员不能是清一色的技术型成员，也不能全部是搞终端销售的，优秀的创业团队成员应各有所长，相互补充，相得益彰。

具体来说，一个优秀的团队，在角色分配方面，应该全面、有针对性，具体可分为以下几种。

1.创新者

企业不仅要创新，管理也需要创新。这类人主要负责提出观点。创新是创业团队生产、发展的源泉。没有创新者，思维就会受到局限，点子就会匮乏（图 6-20）。

图 6-20 创新

2.实干者

对于团队管理来说，团队中的实干者主要负责运筹计划。因此，实干者在企业中应该占较大的比例，他们是企业发展的基石。没有实干者的团队会显得比较乱（图 6-21）。

图 6-21 实干主义

没有执行就没有竞争力，因此，实干者的计划性很强。只有通过实干者的踏实努力的工作，“千里之行始于足下”，有了好的创意还需要靠实际行动去实践。团队的目标才能实现，美好的远景才会变成现实（图 6-22）。

图 6-22 执行力

3.凝聚者

凝聚着的作用也是举足轻重，它起到润滑调节各种关系的作用。没有凝聚者的团队，其人际关系会比较紧张，冲突的情形会更多一些，团队目标完成将受到很大的冲击，团队的寿命也将缩短（图 6–23）。

图 6-23 凝聚力

4.信息者

创业团队要在社会中生存和发展，要有外界的信息交流，信息在团队发展中，是提供支持的武器。

由此可见，信息是企业发展必备的重要资源之一。对于创业团队来说，成功更需要正确的、及时的信息。否则，企业就成了一个自给自足的封闭小团体（图 6-24）。

图 6-24 信息者

5.协调者

从某个角度说，管理就是协调。协调者主要负责协调各方利益和关系。没有协调者的团队领导力会被削弱。

由于各种背景的创业者凝聚在一起，因此，在创业过程中，协调者除了要有权力性的领导力以外，更要有一种个性的引召力。创业中，经常会出现各种分歧和争执，这时，就需要协调者来调节，来帮助领导树立个人影响力（图 6-25）。

图 6-25 协调

6.推进者

推进者主要负责项目的跟进、促进决策的实施，没有推进者效率就不高。推进者是创业团队进一步发展的“助推器”。

7.监督者

监督者是创业团队健康成长的鞭策者。这类型的员工，负责监督决策实施的过程。没有监督者的团队会大起大落，做得好就大起，做得不好也没有人去发现问题，这样就会大落（图 6-26）。

图 6-26 监督者

8.完美者

在创业过程中，能够注重细节，强调高标准的权责就是完美者。没有完美者的团队，其线条会显得比较粗，因为完美者更注重的是品质、标准。

尽管在创业初期，不能过于追求完美，但在企业成长过程中，完美者要迅速地发挥作用，完善企业中的缺陷，为做大做强企业打下坚实的基础。

（二）管理特点

1.缺乏组织规范条件下的团队管理

之所以这样讲，是因为在创业初期，创业团队还没有建立起规范的决策流程、分工体系和组织规范，“人治”味道相当浓厚，因此，团队成员之间的认同和信任就显得尤其重要。

因此，认同和信任关系取决于创业团队的初始结构（图 6-27）。

图 6-27 合理的项目、团队管理

2.缺乏短期激励手段的团队管理

成熟企业内的工作团队可以凭借雄厚的基础，借助月度工作考核等手段，在短期实现成员投入与回报的动态平衡。

但相比之下，创业初期的团队，需要在时间、精力和资金等资源的高强度投入，但短期无法实现期待的激励和回报。这不仅是因为没有资源，更主要的是对创业团队的回报以创业成功为前提（图 6-29）。

图 6-28 选用适当的激励手段

3.以协同学习为核心的团队管理

在成熟的企业内，工作团队的学习以组织知识和记忆为依托，成员之间共享相似的知识基础。由此可见，核心创业者对于团队成员的选择，决定了创业团队管理的基础架构，这是实现有效的创业团队管理的重要前提（图 6-29）。

图 6-29 团队协同合作

（三）管理技巧

通过实践证明，实现创业团队高效管理，主要有以下技巧，可以运用在管理当中。

1.取长补短

在创业过程中，以创业者用人的眼光去看，人才大致可分为以下三类。

①可以信任而不可大用者。

②可用而不可信者。

③可信而又可用的人。

作为创业者，为了企业的发展，创业者各种人都要用。只要在充分识别人才的基础上恰当使用，扬长避短，合理配置，就能最大限度地发挥他们的作用（图 6-30）。

图 6-30 取长补短

2.独立、合作

创业者在创业过程中，既要讲独立，也要讲合作。适当的合作可以弥补双方的缺陷，使弱小企业在市场中迅速站稳脚跟。

因此，对于创业者来说，更需要从创业整体规划出发，明确哪些方面的技能和资源是自己所欠缺的，再以此来寻找具备此类技能和资源的合作人，双方的资源和技能实现整合，共同发展。

此外，对创业者而言，在创业初期，不可避免的会面临各种各样的困难，这时候就需要鉴别能力，冷静地分析可能的合作伙伴，分析谁更有利于企业的发展（图 6-31）。

图 6-31 独立、合作

3.目标明确、共同努力

就一个团队来说，其目标应该是每个加入到团队里的成员所认可的。因此，要向目标一致，要做到以下几点。

（1）明确团队目标，团队负责人，应以共同目标为出发点，召集团队成员。

（2）团队的管理与发展，应以共同的或相似的价值追求和人生观为准则。

（3）合伙人都要有梦想，不仅是为了短期现实利益。

（4）团队成员要对企业有热情。

（5）任何人要对创业事业有信心，适应创业的需求。

（6）有效联合企业内部不同文化背景和知识结构的各种人才。

（7）各方高效配合，达到事半功倍的效果。

4.利益共享

在创业团队中，无论合作者有几个，在所持有的股份上都要尽量做到大家平均，不然就很容易出乱子。

一般来说，个人的资源不通过一个整体的框架进行调配整合，就是浪费，每个人的执行力若没有集中在一个方向上，也是浪费，因此，就必须确保集中所有的资源和力量，向一个确定的方向前进。具体要做到以下几点。

①思想和行动方向要统一规划，统一思想，共同前进。

②创立开始制定相对完善的股东协议，明确创业者之间的利益关系。

③凡涉及权利、义务与利益分配问题，不能感情用事，要一切先说清楚。

④思考、讨论、制定、执行创业契约，大家各司其职。

5.宽厚待人

“和气生财”是创业成功的诀窍，因此，创业者应该有博大的心胸，具体要做到以下几点。

①宽厚待人，把握“合作”分寸。

②体会“合作”快乐，共享喜悦和丰收的硕果。

③合作中，不要太计较小事。

④管理审时度势，宽严有度。

⑤管理方面，要难得糊涂。

⑥适时提振士气。

⑦协调企业组织运转机制。

6.坦诚尊重

作为合伙人，在平时的交往与合作中要坦诚，互相尊重对方，具体要做到以下几点。

①摆正位置，双方就共同的利益在一起。

②遇到问题和矛盾，应向前看，利益一致。

③不能盯住眼前的事情不放，眼光要长远。

④复杂情况简单化，一致向前看。

第三节　大学生创业模式设计

一、科技创业

科技创业主要指的是以开发科技产品为主要任务，在开发过程中，不断地把自己的新产品推向产业化的创业内容。作为新技术产品的研制者，当然也可以自己开发，但主要的还是依靠企业家们去开发。

在创业过程中，一提起科技创业，人们自然而然地就想起了大学生创业计划大赛。1998 年，清华大学创办了首届创业计划大赛，引起了很大反响。随后，共青团中央、学联等先后举办了“挑战杯”中国大学生创业计划大赛，之后每两年举办一次。

此外，除了“挑战杯“外，还有创业计划竞赛，这一竞赛又称商业计划竞赛，从某种意义上说，大学生的创业计划竞赛已成为新技术的源泉，是经济发展的驱动力。

目前，大学生创业计划竞赛已经风靡全球，并且成立了世界大学生创业联盟。早期，我国还仅有少数大学举办过。2005 年，我国参加了比赛。在比赛中，大学生创业者与企业投资者之间建立互补，提高竞赛的广泛性。这其中产生了不少年轻的企业家，而且还大大地促进了高新技术产业在世界各国的蓬勃发展。

近年来，随着创业高潮的涌起，大学生创业计划竞赛已经成为我国大学中一项最受欢迎的活动，如挑战杯大学生创业大赛，一等奖“创业之星”争夺赛冠军，可获得 10 万元创业基金。其实，这项活动已经远远超出了技术层面上的意义，它活跃了校园文化，促进了大学生业余科学研究，最终催生出创造型和复合型人才。

二、无成本模式

这种模式又叫做“零成本”创业，所谓“零成本”，只是形容资本很少而已。“零成本”创业是一个广泛的概念。如下面的例子。

美国惠普公司：

创业之初，白手起家。是创业者的导师支持借给其538美元，这些资金被称为“天使基金”，可以说，正是因为这些钱，他们才得以开始发明创造。“天使基金”成就了惠普，当然，换句话说，创新和变革精神创建了惠普今天的伟业。

大学生“天使基金”：

目前，每个人都可以应用这种创业的形式，而且我国有些地方，也设立了“天使基金”，这些大学生创业“天使基金”，支持大学生的创业，例如，上海市专门设立资金，鼓励支持创业的大学生，并提供5万~30万元的资助。

因此，对于每一个有志于创业的大学毕业生，如果要想成就一番大业，那就应该眼睛向下，不妨从最细小的工作做起，通过不断积累方可获得最终的成功。

三、风险创业

风险是指可能发生或潜在存在的危险。风险创业是指从事蕴藏较大失败危险的高新技术开发产业，以期成功后取得高资本收益的一种创业模式。具体有如下内容。

①风险创业包括风险创业者和风险投资者两个方面。

②风险投资后，投资者将风险利益均沾。

③能否借用风险投资进行创业，关键在于是否掌握具有竞争力的新产品。

④风险投资关键在于是否具有驾驭风险投资的能力。

⑤风险创业，要能够接受失败，从而积累创业经验。

⑥创业者心态要平静，态度要宽容。

四、企业孵化器模式创业

企业孵化器作为创业的一个模式，现在已经风靡全世界，成为培育新技术企业的有效途径。20世纪50年代，企业孵化器诞生于美国，就其实质来说，尚不具备新技术孵化器的功能。随着新技术革命的出现，真正意义上的企业孵化器与美国硅谷的兴起紧密相连。

目前，孵化器在推动高新技术产业的发展，孵化和培育中小科技企业，培植新的经济增长点方面发挥了巨大的作用，引起了各级政府的重视。

近20年的发展过程中，我国企业孵化器获得了迅速的发展。至2005年底，孵化器企业已有534家，场地达2 000万平方米，人员达72万人。可以说，目前，我国企业孵化器的数量仅次于美国，居世界第二位，但孵化场地面积和在孵企业数量都居世界第一位。

作为创业人员，怎样才能有效地利用孵化器进行创业，是十分值得思考的问题。

（一）正确选择类型

这一点主要是指，要判断什么样的孵化器有利于自己创业。从我国目前情况来看，孵化器可分为以下几种类型，分别如下。

①综合技术型。

②大学科技园型。

③留学生创业园型。

④企业孵化器型。

⑤专利技术型。

⑥行业技术型。

在创业过程中，只有正确地选择了适合自己的孵化器，才能达到成功创业的目的。

（二）充分利用条件政策

从实践中，我们可以看出，一般来说，一个成功的孵化器离不开以下5大因素。

①共享空间：主要提供有效的空间优势。

②共享服务：提供相应的服务项目。

③孵化企业：这使成功孵化器的主体。

④孵化器管理人员：提供有效的保障。

⑤优惠政策。

可以说，企业孵化器能够顺利发展到今天，已经拥有了丰富的科学内容，在实践中形成了大批的孵化器专家。因此，要想利用企业孵化器创业，既要认真学习有关孵化器的知识，又要向孵化器专家咨询，以便更加有效地利用孵化器进行创业。

五、“两栖”创业

这种创业模式，在现如今主要是指在国外学有所成的留学生，他们不打算回国工作或永久定居，而更愿意流动于所在国和中国之间，一边在国外工作，一边在国内从事创业，以一种特殊的方式为祖国的现代化建设服务。

应该说，我国目前的这种创业形式，不是偶然出现的，它是我国改革开放政策进一步走向开明的反映，是广大留学生为祖国现代化建设所感召，并致力于贡献力量的表现。

我国留学生创业园的建立，引起了广大留学生和国内各界人士的广泛关注。并很快掀起了留学生创业园大发展的高潮。目前，我国已有留学生创业园 110 多个，分布在全国各省市自治区，以及沿海开放城市，它们为创业者提供了更多的创业机会。

第四节　科技创业案例分析

一、创新实践能力

在创新实践技能要求方面，国家出台了很多文件，教高[2001]4 号及教高[2005]1 号文件均要求重视实践环节，强化育人意识，提升学生的综合素质、培养学生的创新精神与实践能力。2005 年 2 月 1 日发布了《关于进一步加强和改进大学生社会实践的意见》，提出建立长效保障机制，建立相对稳定的大学生社会实践基地，培养大学生的创新精神和实践能力。《国家中长期教育改革和发展规划纲要（2010-2020 年）》指出着力提高学生服务国家服务人民的社会责任感、勇于探索的创新精神和善于解决问题的实践能力。2015 年 5 月颁布《教育部关于深化高等学校创新创业教育的实施意见》提出各地区、各高校要以推进素质教育为主题，以提高人才培养质量为核心，以完善条件和政策保障为支撑，促进高等教育与科技、经济、社会紧密结合，加快培养规模宏大、富有创新精神、勇于投身实践的创新创业人才队伍。众多文件都体现了国家、社会、企业对于应用型人才的需求，体现了创新实践的必要性和迫切性，对就业影响的深远性。

创新能力是指在前人发现或发明的基础上，通过自身的努力创造性地提出新的发现、发明或改进革新方案的能力，也是指质疑、批判、验证和调查的能力，是研究者灵活运用和整合各种知识和理论，在各项领域中，推陈出新地提供具有各种价值的新思想、新理论、新方法和新发明的能力。主要包括以下五个方面：创新意识、创新基础、创新智能（包括观察能力、思维能力、想象能力、操作能力等）、创新方法和创新环境。

二、马化腾的成功

2016 年第一季，互联网同比增长 193%，总收入高达 8030 万美元，腾讯居中国互联网之冠。由此可见，马化腾对于市场的敏感度，无人能比。他能把握潮流，进行有效的改进。

创业初期，年轻的马化腾就非常注重所涉及程序的实用性。大学求学期间，马化腾甚至经常为学校计算机维护提供相当不错的解决方案。1993 年毕业后，进入润迅公司，开始做软件工程师，专注于软件的开发，表现十分突出。

（一）信息的商业价值

1992 年，股市成为中国经济的热点，在这种形势下，马化腾也跟随大潮进入了股市。同时，马化腾发现有一种板卡能通过网络实时显示股票走势，这无疑方便了非常关注股市实时动态的股民们。1995 年，马化腾义无反顾地投入 5 万元资金，承担起惠多网深圳站站长的角色，这使他认识到，网络能够带给自己的价值。

尽管赚到了钱，但他一直在思考如何将信息转化成生产力要素，实现真正的商品价值。他的实用软件概念培养了敏锐的市场感觉，同时也使他认识到信息的价值。

（二）职业与兴趣的结合

马化腾提升自己的价值，把精力和爱好更有目的地转移到热爱的行业上。作为中国最早的一批网民，他萌发了自主创业的想法。在创业过程中，他认识到网络必然是一种潮流。现在回忆起当时的创业之路，他认为，在创建腾讯之初，对公司未来的发展方向并不是非常明晰，“只是感觉可以在寻呼与网络两大资源中找到空间而已。”

三、孙德良的创业之路

（一）大雨浇出的奇迹

孙德良认为，只要存在信息不对称，信息就能够卖钱。1995 年，孙德良从沈阳工业大学计算机专业毕业，加入杭州一家互联网公司。但两年后，公司宣告破产，失业了的孙德良，为了脱贫，从服装网做起。

1997 年，杭州召开服装博览会，孙德良去做市场调查。一场突如其来的大雨，把参展商和观众都浇得无影无踪。有点沮丧的孙德良，无奈之下想起有个老同学在附近化工公司工作，于是前去避雨。在同学的办公室，孙德良发现全国各地化工公司的名片，这一发现，点亮了他的思路，做化工网。可以说，做这个起步正中下怀。

（二）脚踏实地出成绩

从创业一开始，孙德良的赢利模式，就是收会员费和卖广告。1998 年，已经有了非常好的现金流。在孙德良创业之前，在他心里，就坚信专业化能够带来大利润。而且孙德良的脚踏实地也是出了名的，这或许是他力排众议，坚持垂直专业门户的原因之一。

五、创新实践能力调查问卷及分析

（一）调查问卷

创新能力一般是与实践能力密不可分的，关于创新实践能力方面通过文献阅读、组内会议和咨询部分专家，确定了大学生实践能力调查的各项因素，设计了一份调查问卷。本问卷分两个部分，共 26 道题，第一部分是考察学生对实践的认识（7 题），包括实践动机、下厂实习的认识、实践培养与就业关系的认识、科技竞赛的认识、社团的认识和勤工俭学的认识，基本涵盖科学实践和社会实践、学生自己提升能力的最主要因素的几个大的方面。第二部分考察的是实践能力（19 题）。首先考察表达能力，其中包括言语表达和文字表达两题；考察适应环境能力，其中包括独立工作能力和应变能力两题；考察自学能力两题，一个是理论学习，另一个是操作学习；考察人际交往能力两题，一个是合作能力，另一个是考察团队精神；考察学计算机的目的、学习外语的目的；考察组织管理能力四道题，分别是考察计划能力、领导能力、决策能力和协调能力；最后考查实践精神 5 道题，分别是考查大学生的自信精神、勤奋精神、质疑精神、注意力、动手能力。

第一部分：创新实践认识

1．促使你做创新实践活动的最主要动机是什么？（　　）

A．兴趣　　B．课程任务　　C．额外学分　　D．其他

2．你觉得下厂参观有什么收获（　　）

A．了解了生产过程，加深了课堂印象，收获很大

B．了解了一些企业工作环境，机器声轰鸣，听不清讲解，收获一般

C．感觉挺辛苦的，谈不上收获

D．有点新鲜感，就没有别的了

3．你认为创新实践能力的培养与就业的关系是（　　）

A．紧密相连，实践能力强则适应能力强

B．没什么大关系，就业靠的是人脉和机会等

C．有点关系，至少人变得勤快吧

4．你参加过老师的科研项目或科技竞赛吗（　　）

A．是，还想再参加　　B．是，不想再参加?

C．否，但是想参加　　D．从来就没有想参加过

5．对于学校或系里成立的社团，你的看法（　　）

A．志同道合，大家就在一块玩儿

B．活跃气氛，在里面能学到点啥

C．对此不感兴趣

6. 你对大学生勤工俭学或兼职的看法（　　）

A．挣钱养活自己，给家里减轻负担

B．接触社会，学会说话和办事，顺便挣点零花钱

C．挣钱养家

D．部分人就是新鲜两天，然后就不干了

7. 你认为影响提升创新实践能力的最主要因素是（　　）

A．缺乏教师指导

B．教育机制的缺陷（应试教育）

C．经济、物质条件不具备

D. 没有合适的载体或平台

第二部分：创新实践能力

8. 在一个陌生人很多的宴会上，要做自我介绍时（ ）

A. 大方地告诉你是谁，熟练地客套

B. 悄悄问相熟的伙伴怎么说，然后在心中默背

C. 让相熟的伙伴代劳

9. 实践课程写总结时，你会（ ）

A. 洋洋洒洒，自己写完就交上

B. 从网上参考点，加上自己的认识仔细地写好

C. 不管是网上还是同学的，全盘借鉴，然后署上大名

10. 在实验课上，老师介绍完实验的做法后，你能自己完成吗（ ）

A. 没问题，对照实验指导书按步骤完成就可以了

B. 有时候得看一看旁边的其他同学是怎么做的

C. 不行，必须有同组的同学，不然心不托底

11. 去泰山旅游，准备下山的时候，你和同伴走失了，正好你没带手机，也没有他的联系方式，你会（ ）

A. 没有什么，自己一个人下山

B. 和另外一群人结伴下山

C. 报警，引起关注

12. 作业中，你遇到一道对你来说，比较陌生的题，一下子做不出来，你会（ ）

A. 设法自己做，直到实在做不出来再请教别人

B. 马上找老师

C. 马上问同学

D. 不做了空着

13. 关于包饺子，你是怎么学会的（ ）

A. 看着别人做，自己领会，练几次就会了

B. 需要手把手地教会

C. 怎么都学不会

14. 一个你不认识同学在路上遇到你，向你打招呼，你会（ ）

A. 不搭理他，谁知道他什么目的

B. 简单地回一声

C. 问他你怎么认识我

D. 和他顺便聊起来

15. 篮球比赛中，你的队伍落后很多，你的一个队友今天发挥得不好，这是一个关键的淘汰赛，你会（　　）

A. 大声提醒他，要精神些，快输了

B. 拍拍他的肩，轻描淡写地说不就是玩吗

C. 请教练把他换下去

D. 不给他传球

16. 你使用计算机主要是为了

A. 游戏　B. 聊天　C. 查资料　D. 看影视

17. 你学外语的目的是（　　）

A. 出国　B. 考试　C. 就业的要求　D. 兴趣，喜欢文化

18. 在每次实践活动前，是否会有一个清晰的活动思路、计划和活动目标（　　）

A. 清晰　B. 模糊　C. 无所谓清晰模糊，就是不操心

19. 在团队活动中，你喜欢担任什么角色（　　）

A.带头人 B. 中坚力量 C. 积极参与者 D. 附和者

20. 当你要做每一件大事时，你都（　　）

A. 自己拿主意　　B. 看情况

C. 问问朋友和同学　　D. 征求父母的意见

21. 如果你的寝室来一位客人，向隔壁借一把椅子。正好隔壁有把椅子是从对门借来的，你会（　　）

A. 就借这把椅子，然后和对门打声招呼

B. 就借这把椅子，直接拿来就行

C. 先到对门打声招呼，然后去取这把椅子

D. 椅子关系太复杂，怕借乱了，再上另一个寝室去借

22. 实验比较难，很多同学都没有做出来，快到下课时间了，你会（　　）

A. 借实验室钥匙，课下接着做，肯定能做出来

B. 肯定超出本人的知识面，请教老师完成

C. 无所谓，课后问问其他人吧

23. 实训课上，一个产品不好做，你会（　　）

A. 不吃不喝也要把它做出来，中午不睡觉了

B. 按部就班地，做出来算

C. 若同班同学做出来，我就想法做出来

D. 差不多就行，还是少遭点罪

24. 老师给同学们在课堂上讲解习题，给出答案，你却觉得不是这个结果，你会（　　）

A. 当堂打断老师的讲课，提出疑问

B. 课后与老师讨论

C. 老师的答案就是真理，本人的肯定错了

D. 不会想太多，把这事忘了

25. 在实验课上，老师的实验讲解侃侃而谈，千叮咛万嘱咐，花了很多时间，你（　　）

A. 早就听不下去了，自己开始做

B. 坚持听下去，做好笔记

C. 溜号玩手机

D. 尽量听，可能会打瞌睡

26.你的电脑出现问题，你会（　　）

A.自己动手拆开看看，或重装系统

B.找电脑高手代劳

C.高手坐镇，我自己摆弄为主

（二）结果分析

问卷在烟台南山学院的工科类的教室、实验室和学生社团活动处等处发放调查。调查对象特意选取实践方面具有代表性的工科类专业，因此本次调查选取的是大二以上年级的工科类学生，没有涉及到经管类和人文类专业的学生。共300份问卷，回收245份，剔除无效部分，得到有效问卷227份，回收有效率92.6%。

问卷调查按照每道题的考查内容进行如下结果分析。

①促使你做创新实践活动的最主要动机是？实践活动的动机调研结果显示有35名（15.4%）学生觉得是兴趣；而95名（41.9%）学生认为是课程；有55名（24.2%）学生认为是额外学分，剩下的学生42名（18.5%）无法准确地回答。从中我们发现，学生多数对实践的认识是仅仅是课程或为了获得学分而完成任务，只有少量学生是从兴趣出发。

②你觉得下厂参观有什么收获？下厂参观收获的调研，回答“了解了生产过程，加深了课堂印象，收获很大”的学生有43人 (18.9%)，这些学生相对来说比较好学，且将看到学到的知识有了一定的消化；回答“了解了一些企业工作环境，机器声轰鸣，听不清讲解，收获一般”的有102

人 (44.9%)，说明他们也比较积极，但是说的是实情，也表露出他们的失望心情；而有 35 名 (15.4%) 同学则表示“感觉挺辛苦的，谈不上收获”，让我们注意到大学生的懒惰心理需要我们去帮助克服；而有 47 人 (20.7%) 则表示“有点新鲜感，就没有别的了”，说明大学生需要职业素质的培养。另外学生表示企业的设备、技术先进程度、自动化程度是自己没想到的，有的若大的车间现场就没几个人，主要看仪表设备运行。

③你认为创新实践能力的培养与就业的关系是？实践能力培养与就业关系的调研，回答“紧密相连”的同学有 89 名（39.2%），答“没有什么，就业靠的是人脉和机会”的占 54 名（23.8%）；有 84名同学(37%)对这个问题缺乏明显的认识，回答显得模糊，是“有点关系，至少人变得勤快吧”。对于这个问题，持各种意见的学生的占比都差不多，一方面反映有些学生对实践能力的推崇，也反映了部分学生对社会上的“关系”现象的不满。

④你参加过老师的科研项目或科技竞赛吗？教研项目或科技竞赛参与情况的调研结果显示有 40 人（17.6%）回答“是，还想再参加”，由于参加竞赛需要机遇和选拔，所以参加竞赛的同学比较少；无人回答：“是，不想再参加”，有 134 名(41.6%)同学表示“否，但是想参加”，竞赛的魅力和荣誉，以及就业的砝码吸引着他们，也有 83 名(36.7%）同学表示“从来就没有想参加过”，询问一位不想参加竞赛的同学，回答是觉得自己没有那方面的能力，这也一定程度上体现了学生的不自信，只要参加过竞赛的同学都想继续参加，他们从竞赛中获得了课堂上学不到的应用知识，后期也应该有意识的引导学生积极参与到学科竞赛中去，广泛开展校内学科竞赛，提高参与度。

⑤对于学校或系里成立的社团，你的看法？对学校社团看法的调研结果显示有 98 名（43.2%）同学认为“志同道合，大家就在一块玩儿”，有 87 名(38.3%)同学回答“活跃气氛，在里面能学到点啥”，其余的 42 名同学(18.5%)“对此不感兴趣”。说明同学对社团的态度普遍积极，尽管目的不同，在社团里面能够享受到集体的温暖，少数同学未融入到社团中，未体会到社团活动带来的快乐。

⑥你对大学生勤工俭学的看法？对大学生勤工俭学看法，回答“挣钱养活自己，给家里减轻负担”的同学占了多数，有 95 名（41.9%）；有 50 名（22%）学生回答“接触社会，学会说话和办事，顺便挣点零花钱”；只有很少的同学，8 名（3.5%）回答“挣钱养家”；还有相当一部分同学（74 名，32.6%）认为“部分人就是新鲜两天，然后就不干了”。

经过交谈我们了解到，由于学费和生活费用的问题，大学生对打工相当认可，家境富裕的学生，有的也寻找打工体验；由于工作的不稳定性抑或是学生的不成熟，确实存在打工人员变动比较大的情况。总体上看，学生对勤工俭学的态度是积极的。

⑦你认为影响自己提升实践能力的最主要因素是？对影响提升实践能力主要因素看法，有 32 名（14.1%）同学觉得“缺乏教师指导”；42 名（18.5%）同学觉得是教育机制的问题；而多数同学偏重后两项，有 69 名（30.4%）同学觉得“条件不具备”；而 84 名（37%）同学觉得“平台不适合”；由此看出，同学们在这方面上，对学校和教师的要求并不太高，而更看重机遇。

⑧在一个陌生人很多的宴会上，要做自我介绍时如何对待？

对语言口头表达能力有 81 人（35.7%）回答“大方地告诉你是谁，熟练地客套”；有 92 人（40.5%）回答“悄悄问相熟的伙伴怎么说，然后在心中默背”；而 54（23.8%）的同学选择了“让相熟的伙伴代劳”。由此可见多数学生的口头表达能力有待提高。

⑨实践课程写总结时，你会？对语言的文字表达能力有 38 人（16.7%）可以“洋洋洒洒，自己写完就交上”；有 124 名（54.6%）同学回答“从网上参考点，加上自己的认识仔细地写好”；还有 65 名(28.6%)同学就是“不加考虑，多多借鉴”。

相对于口头表达能力来说，文字表达学生严重依赖网络或他人，独立性较差，在今后的学生培养中，应加强语言表达能力方面的内容，促进学生独立的完成时实践任务。

⑩在实验课上，老师介绍完实验的做法后，你能自己完成吗？本题考察独立工作能力，有 41 名（18.1%）回答“没问题，对照实验指导书按步骤完成就可以了”，有 84 名（37%）同学回答“有时候得看一看旁边的其他同学是怎么做的”；102 名(44.9%)同学回答“不行，必须有同组的同学，不然心不托底”。

大学生面对陌生的事情，能自己独立工作的少，也体现了学生对知识理解的不透彻及不自信。

⑪去泰山旅游，准备下山的时候，你和同伴走失了，正好你没带手机，也没有他的联系方式，你会？此题考查学生的应变能力，有 46 人（20.3%）选“没有什么，自己一个人下山”；有 172 人选择“和另外一群人结伴下山”(75.8%)；还有 9 人(3.9%)选了“报警，引起关注”。大学生的应变能力算是合格，因为多数人还是心理有一种惧怕孤独的感觉的。

⑫作业中，你遇到一道对你来说，比较生的题，一下子做不出来，你会？本题考察的理论自学的问题，有 24 名(10.6%)同学回答“设法自己

做，直到实在做不出来再请教别人”；有 33 名（14.5%）同学回答“马上找老师”；有 78 名（34.4%）同学回答“马上找同学”；有 92 名（40.5%）同学选择“不做了空着”。从结果看多数同学会立马找别人或者干脆放弃，说明应用型本科大学生的自学能力不甚乐观。

⑬关于包饺子，你是怎么学会的？本题考察实操自学的问题，有 84 名（37%）同学回答“看着别人做，自己领会，练几次就会了”；有 113 名（49.8%）同学回答“需要手把手地教会”；还有 30 名（13.2%）同学表示“学不会”。结果表明相对于理论学习，应用型本科大学生的领会能力强了不少，但是，多数同学需要在实践中教师仔细地教导。

⑭一个同学在路上遇到你，向你打招呼，可你不认识他，你会？本题考察人际关系之间生人如何交往，这是合作关系的初步，有 25 人（11%）怀着强烈的戒备心理选择“不搭理他，谁知道他什么目的”；占多数同学 138 名同学（60.8%）选择“简单地回一声”，还有 29 人(12.8%）充满好奇心地 “问他你怎么认识我”；有 35 人(15.4%)比较爱交朋友，“和他顺便聊起来”。结果表明大学生的合作意识有待提高，但是多数人的素质不错，比较有礼貌。

⑮篮球比赛中，你的队伍落后很多，你的一个队友今天发挥得不好，这是一个关键的淘汰赛，你会？这个问题就是考察团队精神的，有 55 人(24.2%)回答“大声提醒他，要精神些，快输了”，尽管方式有点激烈，但是有团队意识的，集体荣誉感比较强；有 102 人（44.9%）选择“拍拍他的肩，轻描淡写地说不就是玩吗”；这种安慰话是团队精神的高境界，尽管自己也着急；36 人（15.9%）选“请教练把他换下去”；34 人（15%）选择“不给他传球”；后两者只是方式不同，但是都会损伤团队精神的。

与上题相比，大学生的团队精神可以合格，尽管和单个人或是生人的合作存在问题，但是一旦形成集体，在共同利益、共同荣誉的召唤下，合作程度大大提高。

⑯你使用计算机主要是为了？本题一个是考查使用计算机的态度，另一个是考察计算机的能力，有 82 人（36.1%）回答“游戏”；26 人（11.5%）回答“聊天；有 68 人（29.9%）回答“查资料，学习”；有 51 人（22.3%）回答“看电影”。

结果表明大学生的电脑能力确实强，因为有种说法是打游戏对计算机能力提高很快，但还是不会很好的利用自己的计算机来提高自己的能力的。

⑰你学外语的目的是？本题考察外语能力和态度，回答“出国”的只有 10 人（4.4%）；回答“考试”有 142 人（62.6%）；回答“就业的要求”

的有 64 人（28.2%）；回答“兴趣，喜欢文化”的有 11 人(4.8%)。

结果表明当今的外语学习，受到应试教育的影响，学生没有几个从兴趣出发，也基本不打算出国，所以外语学习的成绩也普遍较差，活学活用的能力也不高。

⑱在每次实践活动前，是否会有一个清晰的活动思路、计划和活动目标？本问题考察学生组织能力中的的计划能力，有 45 人(19.8%)表示清晰地了解活动情况；有 51 人(22.5%)表示模糊，和前者大抵相同；剩下的131名（57.7%）同学回答“无所谓清晰模糊，就是不操心”，这句话的意思是有时清晰，有时模糊。说明具备合作领导者素质的人群比较少，没有良好的计划性。

⑲在团队活动中，你喜欢担任什么角色？本项问题从组织能力的另一个角度领导能力方面考察学生参加活动的心态，只有 23 人（10.1%）愿意担当带头人的角色；有 36 人（15.9%）愿意充任中坚力量；积极参与者占 72 人（31.7%）；96 人（42.3%）填“附和者”。调查学生参加学生会竞选的情况，基本类似。人群中的人的领导意识不强，多数人只是参与者和附和者，不想起关键作用。

⑳当你要做每一件大事时，你都？本题考察学生的决策能力，有 62 人(27.3%)回答“自己拿主意”；回答“看情况”的有 31 人（13.7%）；回答“问朋友和同学”的有 22 人（9.7%）；有112 人(49.3%)回答“征求父母的意见”。

结果表明，多数人在面临大事时，都没有主意，这也是领导人才比较稀缺的证明。

㉑如果你的寝室来一位客人，向隔壁借一把椅子。正好隔壁有把椅子是从对门借来的，你会？本题考察学生的协调能力，有 53 人（23.3%）回答“就借这把椅子，然后和对门打声招呼”；有 106 名同学（46.7%）回答“就借这把椅子，直接拿来就行”；有 51 人（22.5%）回答“先到对门打声招呼，然后去取这把椅子”；还有 17 名（7.5%）同学选择“椅子关系太复杂，怕借乱了，再上另一个寝室去借”。直接借椅子的作法是协调能力不够，事后打招呼和事前打招呼的人数差不多，效果不一样，事前的协调效果好；而去另外一个寝室借的人有逃避现实之嫌，也是不会协调的表现。

结果表明，大学生的协调能力总体上不是很出色，这可能和缺乏在社会历练有关。

㉒实验比较难，很多同学都没有做出来，快到下课时间了，你会？

这是个测试自信精神的问题，被测试的227份答卷中，有9人（4%）答“借实验室钥匙，课下接着做，做得出来”；有112名（49.3%）同学回答：“请教老师完成”；106人（46.7%）干脆“无所谓，课后问问其他人吧”。

结果表明，学生严重缺乏自信，“请老师完成”和“不管了，无所谓,”的区别是前者责任心强一些。

㉓实训课上，一个产品不好做，你会？这是个测试勤奋精神的问题，有10人（4.4%）；大学生的回答是“不吃不喝也要把它做出来，中午不睡觉了”；86名（37.9%）回答“按部就班地，做出来算”；79名(34.8%)同学回答“若同班同学做出来，我就想法做出来”；53名(22.9%）同学选“差不多就行，还是少遭点罪”。

结果表明，绝对勤奋的人很少，大多数是算不上勤奋，也不算懒惰的学生。

㉔老师给同学们在课堂上讲解习题，给出答案，你却觉得不是这个结果，你会？这个问题考察的是质疑精神，回答“当堂打断老师的讲课，提出疑问”的同学，有6人（2.6%）；回答“课后与老师讨论”的有46人（20.3%）；选“老师的答案就是真理，本人的肯定错了”有118人（52%）；选“不会想太多，把这事忘了”的有57人（25.1%）。

结果表明，受应试教育标准答案的影响，同学普遍缺乏质疑精神，前两项的回答是具有质疑精神，而第一项的做法明显缺乏礼貌，不值得提倡。第四项的同学不太把学习放在心上。

㉕在实验课上，老师的实验讲解侃侃而谈，千叮咛万嘱咐，花了很多时间，你会？这个问题测的是学生注意力的问题，在227名学生中，有52名（22.9%）学生回答“早就听不下去了，自己开始做”；70名（30.8%）同学选“坚持听下去，做好笔记”；有80名（35.3%）同学“溜号玩手机”；25人（11%）“尽量听，可能会打瞌睡”。

结果表明，这个层次的学生，大多数注意力都不行，题外的问题，有的爱学的同学，就自己先做上了，反正接收不了信息，另一部分就做与课堂无关的事情了。实验课一定要精讲多练。

㉖你的电脑出现问题，你会？此题考查学生的动手能力，有55人（24.2%）决定“自己动手拆开看看，或重装系统”，表现了较强的动手能力；有120人（52.9%）“高手坐镇，我自己摆弄为主”动手能力基本合格；而52人（22.9%）的动手能力有待提高。结果表明，学生的动手能力还可以。

六、创新实践能力访谈案例

除了调查问卷部分，我们随机走访了一个做课程设计比较用心的同学，和他们的带设计的老师。选取部分问题如下。

在与一名做设计的同学的交谈是这样的：

问：设计有没有意思？怎么设计啊？

答：还行，老师给题目，我们查资料。不过，我们觉得题目没有挑战性，和老师商量，换了一个新的。

问：设计的实验以前做过类似的没有？现在怎么样？

答：类似的做过，不过现在的更复杂，原先可以看实验指导书，现在得自己想。

问：查资料从哪里查？

答：图书馆，网络，有的资料老师提供一些。

问：查的资料管用吗？

答：有的就是错误的，有的很受启发，不过最后还得自己弄，不能搬。

感受：学生很有创新的动机，不满足于现状，另外我们观察他也挺勤奋，会使用图书馆和网络，对资料的用处也有质疑精神。那么他们的能力呢？带设计的老师最有发言权。

问：你这个学生看样子接线、调试挺忙啊？

答：他动手没问题，不过那边的那几个就不行了，这个班，一半对一半吧。

问：他做得很快啊，应该是做了很多吧？

答：也不是了，每增加一项功能都要调半天的，有些资料要拓展新学。经过指点后，大多数同学能有所收获提高。

问：你讲的东西他们都能记住？

答：大多数讲得时间长一点，就溜号了，个别讲解和同学探讨效果更好些。

问：设计报告写得怎么样？

答：一般，丢三落四，格式乱，字体大小不一。统一讲解，严格要求，打回去修改后，明显提高，而且学生领会的还是很快的。

感受：应用型本科大学生的动手能力，在国内高校普遍动手能力差的情况下，应该算是合格的。但是学习上的应变能力、知识灵活运用能力有待提高；受生源的影响，学习的注意力集中的能力普遍比较差；另外，这个层次的工科学生的文笔功夫的差距比较大。

七、创新实践能力培养案例

（一）案例一：电子信息类创新实践平台的搭建

传统的实验箱电路硬件连接基本固定，能做出的实验也基本固定，不利于学生对硬件电路的理解，学生的想象力也无法得到发挥，学生同一设计题目的不同方案也无法得以实现求证，不利于创新项目训练的进行。

从 2008~2011 年，电子信息工程专业的从事单片机教学的老师们，在多年教学基础上，充分利用电子系统设计模块化的理念，设计了一种实验装置能够自由、开放的进行组合，给使用者充分发挥空间，可在箱体提供的模块中自由搭配电路实现，也可自由设计变送器等其他单元电路，配合箱体自带的模块的创新型平台。这实际上就是“平台＋模块”的课程结构体系在单片机教学领域的实现。

依此研制出的具有开放灵活的“嵌入式试验设备”在 2011 年获国家实用新型专利授权，同时结合“科技竞赛”和“企业工程项目”对传统的课程设计实践课程群进行课程内容、教学方法进行系列改革，形成了一整套行之有效的创新型人才培养模式。

2014 年 3 月，该团队获得第七届山东省高等教育教学成果三等奖，题目为《搭建创新实践平台，提升电子信息类人才创新能力的研究与实践》。

分析：如果学生光按要求做实验，就是简单地机械重复，无形中养成了不越雷池一步的性格，就和创新型人才培养渐行渐远。平台的设立，给了学生宽广的活动舞台，学生参加科技竞赛的精神高涨，学风上进。

（二）案例二：创新人才培养模式在就业质量上的提高

2014 年 3 月，山东省教育厅在其网站上“教育传真”栏目中刊登文章《烟台南山学院创新人才培养模式提高就业质量》，文中提到创新培养模式和强化学生的实践能力部分写到：创新培养模式，提高人才培养质量。学校坚持“三融合”的人才培养模式：一是理论与实践融合，在实践教学学分占总学分比重中，工类专业平均达 28.07%，“管文艺类”专业平均达 26.76%，培养了学生理论与实践相结合的能力；二是“产学研合作”融合，与南山集团等省内外 50 家大中型企业建立校外实习基地，广泛开展订单培养、实习见习、教师培训、联合科研等活动，提高了学生应用与创新技能的水平；三是“多证书”与“主辅修”融合，将多证书制度纳入人才培养方案，采取多种措施保证学生“多证多能”，毕业生人均职业资格证书 1 个以上。

建立联动机制，实现学生订单培养。学校围绕地方经济建设和社会发展的需要，在改造传统优势学科专业的基础上，与南山集团等大中型企业密切合作，实行订单培养制。2012、2013 年学校与南山集团等四十多个企业与1500 余名学生签订“订单培养”协议，实现了专业设置、招生、培养和就业联动。

强化学生实践能力，提升毕业生就业能力。学校充分发挥与南山集团校企一体的优势，把南山集团各企业作为学生的技能操作平台、技能训练平台和综合技能应用平台。2009 年以来南山集团共为我校学生提供了 19135 人次的实践教学机会；与中创软件等省内外 50 家企业合作，成立各类冠名班、订单班，建立校外实践教学基地，接收学生实习，提升了学生的实践技能和就业能力。

分析：提高就业质量，就是本着对学生负责的态度。培养模式的创新，使实践能力得以提高；学校机制的创新，必然带来学生创新能力的提高，学生的进步。

（三）案例三：职业资格证书考证培训

职业资格考证是烟台南山学院专业实践教学的延伸和总结，也是实践教学人才培养体系获得社会认可的集中体现。目前，学校作为考点，由考务中心组织的职业资格考证已达 46 个考试项目，大大方便了学生考取相应专业的职业资格证书。以电气信息实验中心举办的高级维修电工考证为例，学校组织基础理论扎实，实践技能过硬并且经验丰富的专职培训教师对报考学生进行免费培训，理论和实操部分均受到系统指导，培训期间，实验室全天开放，学生有充足的练习时间，在集中培训期间，学生更好的将理论和实践结合起来，对知识也有了系统化的掌握，在操作的过程中出现问题及时解决，既增加了他们的学习热情和学习兴趣，又进一步提高了学生提出问题，分析问题和解决问题的能力，截止到 2016 年 7 月已成功举办 36 期，仅 2010 年至 2011 年第二学期就举办了 3 期，共计 957 人，学生一次性通过率都在 80%以上。学生在获得维修高级电工证满一年以后，可以参加电气技师的培训与考试，将进一步提高他们的实践能力与相应的资格。

烟台南山学院是职业教育与学历教育并举，学生获得相应的职业资格证书，是对他们学习能力和操作能力的一种肯定，就业之后上手更快，因此更容易被企业方所认可，获得较高薪酬。以南山集团东海电厂为例，在电气维修岗位上，学生获得高级电工维修证后，每月工资涨 300 元，获得电气技师证后，每月工资涨 500 元，当然其他岗位都有其相应的职业资格证书，都会获得同等的待遇，而且学生参加实习之后，如果考取高级电工维修证一年之后，仍想考技师证，学校仍然会对这部分学生免费培训，可以说，学校为职业资格考证学生创造了一个良好的实践学习条件，而且为学生的再学习，再实践提供了有力的保证，学生的实践能力也得到了极大的提高。

点评：职业资格考证，就是学生实践能力的提高的指挥棒，用人单位的需要，是学生热情学习的动力。

（四）案例四：校企合作

烟台南山学院重视与企业及其他高校的深度合作，比如和南山轻合金合作由来已久，目前的实施情况如下。

①校企共同制定培养方案，联合申报新专业。

②校企共同参与理论教学，整合课程内容。培养方案共同确定后，对部分理论课程内容进行调整。

③校企共同参与实践教学，提升教学效果。

④企业提供课题，毕业设计双导师。

⑤加强企校人才交流，实现专业人才资源共享。

⑥校企共建实践教学基地。

⑦为企业输送优秀人才、三方共赢。

⑧卓越工程师班赴轻合金实习，成绩卓著。

⑨校企联合科研，申报省级、国家级项目及人才团队项目多个。

关于校企融合培养应用型人才的成功实践，中国教育报于 2013 年 10 月 8 日在第 7 版教育展台栏目，刊登了记者燕楠所写的《校企融合培养应用型人才的成功实践——烟台南山学院特色发展纪实》，该文有着更加深入的介绍，文章的评价是："目前，许多高校的校企合作方式多局限于学生短期实训、毕业实习、推荐就业等方面，大多处于两张皮、一头热状态。烟台南山学院与企业联手办学、联手进军高端领域培养高层次应用型人才，在校企紧密融合、深度融合、高端融合方面蹚出了新路子，做出了成功探索。”

另外，我校和许多企业有着校企合作的成功例子，2014 年 6 月 10 日，我校与千峰互联科技有限公司召开校企合作签字仪式，我校通过派遣学生外出实习、进驻实训等方式与千峰互联展开多方面、多渠道的校企合作，促进学生就业率和起薪点提升，合作培训本科学生起薪点 6000 元，实际就业平均工资 8000 元。杨瑞、安天阳、宋晓健等同学月薪都在万元以上。2015 年烟台南山学院与北京千锋互联有限公司共建价值 270 余万元的 iOS 及安卓实验室，与南山集团企业共建了电力系统仿真（173 万）等多个实验室。合作中，学校进一步了解企业需求，创新了培养模式，深化了教学改革，整合教学、课程资源，起到了课程与实践接轨、课程与行业并轨、课程按企业要求的切实效果。

（五）案例五：优秀学生科技社团——零点工作室

2014 年 5 月 26 日，山东省科学技术协会、共青团山东省委员会、山东省学生联合会下发了《关于表彰 2014 年山东省优秀大学生科技社团和山东省优秀大学生科技社团干部的决定》，我校大学生零点工作室获“山东省优秀大学生科技社团”荣誉称号，郭伟卫获“山东省优秀大学生科技社团干部”荣誉称号。

零点工作室自组建以来在孙玉梅、刘晓明老师的指导下取得了优异的成绩，在飞思卡尔智能汽车比赛中，荣获国家级奖项奖 6 次，省级奖项奖 30 余次；在电子设计竞赛中，荣获国家级奖项奖 3 次，省级奖项奖 30 余次；在山东省机电大赛中，荣省级获奖 20 余次；在“蓝桥杯”竞赛中荣获国家级奖项 19 余次，省级奖项 60 余次；在西门子 PLC 技能大赛中，参赛两年的 5 支队伍均有获奖，其中国家级奖项 2 项，省级奖项 3 项；在全国信息技术应用水平大赛中，荣获全国特等奖；在技能大赛以及数学建模竞赛中，多次荣获国家及省一的好成绩。

点评：学术科技类社团作为全校社团总体格局中的一支重要力量，在丰富校园文化生活、提高大学生综合素质、推进优良学风校风建设、引导大学生适应社会和促进成长就业方面的发挥了积极的作用。

八、针对应用型大学生创新能力的思考

通过问卷访谈等调查，我们基本上对学生创新实践能力的现状的印象是：自信心比较差，勤奋程度处于中等、质疑精神弱、注意力难以长时间集中、记忆力中等、想象力中等、观察力弱、分析力差、动手能力中等、推理中等。看重创新的机遇，寄望于学校活动的经费充足和组织方法优异。学生从高中的应试教育出来，历经各种考战，已经身心俱疲；学生对学校的蓬勃发展充满着希望。应用型院校的学生的特质：观察力弱、分析力差，但是动手能力比其他类型的强；由于我们老师很多毕业于研究型高校，我们发现对应的研究型高校则：记忆力强、分析力强、动手能力差。

国家的政策基本上也是主要面向研究型高校的，如“2011 计划”，烟台南山学院在提高应用型本科大学生的创新能力上，走出了一条创新型的路子。其特点是“扬长避短”。我们不对学生提出什么理论性的高要求，没有将学生置于具有高深理论基础的实践中去，而是面向企业，面向社会，力图让学生在需要人才很多的基础工作中，为企业、为社会做出应有的贡献。

多数学生可以提高口头表达能力、人际关系处理能力、协调能力等。

①口头表达能力，通过组织模拟面试、辩论赛等来提高。

②人际关系的合作意识，通过多种实践活动，促进学生和不同班级的同学来往。比如在划分寝室的时候，不同班级的同学住在一起；学生会、社团活动、科技竞赛等，将不同生活轨迹的同学联系在一起。久而久之，学生将习惯和相对陌生的人打交道。

做事情的良好的计划性：学校、教师要以身作则，按计划实施工作，以避免造成无序工作在学生心中的负面影响，同时也无形中教导学生养成良好的计划性，要让学生品尝到按计划做事的甜头。

③协调能力的提高，一个方法是让学生多经历这类事情，他们的协调能力就会提高。另一种方法是老师可以找出相关的为人处事的事例，对学生进行趣味性问答（一对一进行的效果最好），然后给他们分析各种做法的利弊，他们的协调能力自然就会提高。

④其他实践能力的培养，就必须因材施教。文笔的培养，一般是大学生记者团的学生比较感兴趣；提高独立工作能力，以便工作能独挡一面，以及理论上提高自学能力，外语学习能力，面向的多是学习好的学生；而领导意识、决策力的培养，则应集中在学生会和班级干部，社团负责人等重要角色。

我们通过对大学生的实践能力的分析，从文献中得到的这些实践能力，大学生能够合格的，可以称作实践能力的初级版（或基础版），多数人通过培养能够进步的，就是中级版，而其它的实践能力的提高，则为高级版。我们的培养目标，就是保证初级版的能力，尽量做好中级版的能力，对特殊的学生，不放弃高级的培养。

以上的培养建议是考虑大学生实践能力的逐项培养。从宏观的角度来看，由于应用型本科大学生的人才定位，尽管各家应用型高校的情况各有不同，借鉴烟台南山学院的成功经验，我们建议还是在深化课程改革、职业资格证书、校企合作和学生社团活动上多下功夫。

大学生创新可以促进创业，更可以促进高薪就业。

参考文献

[1] 李肖鸣，朱建新.大学生创业基础［M］.北京：清华大学出版社，2013.

[2] 沈全洪，王旭光.大学生创业方略［M］.北京：清华大学出版社，2016.

[3] 王波，麻艳香.创新能力培训全案［M］.北京：人民邮电出版社，2008.

[4] 曹胜利.大学生创业［M］.北京：北方联合出版传媒股份有限公司万卷出版公司，2009（3）.

[5] 张子睿.大学生创新与创业能力提升［M］.北京：科学出版社，2008.

[6] 张兵仿.大学生创业基础教程［M］.北京：时事出版社，2016.

[7] 苏小红，梁佳，童志祥.发掘本科生创新潜能，提升创新意识和实践能力［J］.计算机教育，2009（119）.

[8] 吴甘霖.我们都是创新天才［M］.北京：机械工业出版社，2007.

[9] 施永川.大学生创业基础［M］.北京：高等教育出版社，2015.

[10] 冯螈.关于创新教育的思考［J］.经济与社会发展，2007（12）.

[11] 叶奕乾，等.普通心理学［M］.上海：华东师范大学出版社，2008.

[12] 周耀烈.思维创新与创造力开发［M］.杭州：浙江大学出版社，2008.

[13] 贺岩玲.浅析大学生创造性能力的培养［J］.中国集体经济，2008（2）.

[14] 李爱卿，叶华.大学生创业基础［M］.北京：清华大学出版社，2015.

［15］孙正聿.培养想象力［J］.小学语文，2010（1）.

［16］孟祥伟，宋举洋.科学发展观指导下培育献身精神的创新思考［J］.学理论，2009（28）.

［17］边洁，王曼.略谈当代大学生信息获取能力的培养［J］.成才之路，2009（2）.

［18］林瑞青.大学生创业与就业指导［M］.北京：中国人民大学出版社，2015.

［19］王晓进.大学生创业理论与实践［M］.北京：科学出版社，2014.

［20］吴乃成，未萍.浅谈非智力因素与创新人格的培养［J］.江苏教育研究，2010（2）.

［21］边伟伟，曹敏.社会主义和谐社会需要大学生组织管理能力的培养［J］.河北旅游职业学院学报，2009（1）.

［22］席升阳.我国大学生创业教育的观念、理念与实践［M］.北京：科学出版社，2008.

［23］杨志群.大学生创业体系的科学构建［M］.北京：科学出版社，2016.

［24］Donald F Kuratko，Richard M Hodgetts.创业学：理论、流程与实践［M］.张宗益译.北京：清华大学出版社，2006.

［25］王立波，李明.大学生创业心理教程［M］.北京：中国石化出版社有限公司，2015.

［26］刘平.创业学原理与应用［M］.大连：东北财经大学出版社，2008.

［27］张天桥，侯全生，李朝晖.大学生创业第一步［M］.北京：清华大学出版社，2008.

［28］陈应华.浅谈大学生创新人格的培养［J］.中国新技术新产品，2009（10）.

［29］李佼佼.大学生创造性人格培养浅谈［J］.学园，2009（10）.

［30］叶文振.大学生创业导论［M］.厦门：厦门大学出版社，2015.

［31］苏杰，孙玉梅，牛立强.浅析民办高校大学生的职业价值观［J］.科技咨询，2011（35）.

［32］孙玉梅.以职业能力培养为主线加强实践教学改革［J］.科技信

息，2011（36）.

［33］ 高翔.应用型大学生校园创业及精神培养的几点分析［J］.民办教育研究，2014（02）.

［34］苏凤.提升高校大学生科研创新能力的探索［J］.教育教学研究，2014（46）.

［35］ 高翔.应用型本科大学生的科研能力培养方式探索与实践［J］.大学教育，2015（1）.

［36］ 孙玉梅,董云云,杨海利,等.与区域经济、地方产业相结合的优势特色专业建设探索与实践［J］.信息化建设，2015（11）.

［37］ 王美春，孙玉梅，苏凤.电气自动化技术特色专业建设的探讨［J］.课程教育研究，2015（27）.

［38］ 孙玉梅，苏凤.加强实践教学，提升应用型人才培养质量——以烟台南山学院为例［J］.基础教育研究，2016（08）.